イノベーションへの道

ロバート G フランク

Robert G. Frank

訳　酒井 俊彦

監修　星 エリ・松井 利之

編　大阪府立大学高度人材育成センター

大阪公立大学共同出版会

Robert G. Frank, Ph. D.

Preface

I served as president of the University of New Mexico for five years. Shortly after I became president, I learned from Lisa Kuuttila, the CEO of UNM Rainforest Innovations (the university's technology transfer company) that her office had a long history of bringing inventions by UNM faculty to Japan to partner with Japanese companies and manufacturers. Our effort was led by Ms. Eri Hoshi, who is Japanese, but was then working with us at UNM. Ms. Kuuttila told me that we were very fortunate to have Ms. Hoshi on our staff because she, in the language of entrepreneurism, is what we call a "connecter". That is, someone with a large social network who is very skilled at bringing people together who may not have bumped into each other before.

One of the University of New Mexico's natural advantages is our proximity to several, very important national laboratories — Sandia National Laboratory is in Albuquerque and Los Alamos National Lab is 98 miles from Albuquerque. The United States Air Force also has one of their premiere research facilities, the Air Force Research Laboratory in Albuquerque. The presence of these highly successful national labs offers UNM faculty the opportunity to collaborate with some of the best scientists in the United States.

While I was president, we recognized many UNM graduates were leaving New Mexico for jobs outside our state. We examined this trend and found that New Mexico was not generating enough high levels jobs. We began investigating how the university could encourage or create an ecosystem that generated jobs. We knew research has demonstrated that cities with higher proportions of college educated workers have higher salaries for all workers. In other words, more college graduates leads to higher salaries for those with high school, community college and college degrees. This finding is not a reflection of cost of living or any other variable aside from the proportion of college educated workers. This clustering effect has led to labeling cities with higher proportion of college educated workers and with higher numbers of patents as brain hubs or innovation hubs. Indeed, in cities that rank the highest as innovation hubs, high school educated workers can make as much as college educated workers in lower ranked cities. This phenomenon reflects what economists label knowledge spillover; the sharing of knowledge through formal and informal networks. Encouraging knowledge spillovers, by bringing together entrepreneurs and innovators and other key players in the innovation niche is facilitated by the creation of innovation hubs.

Early in our review of how more jobs are created, we were introduced to the work of Victor Hwang and Greg Horowitt. Hwang and Horowitt developed a model for creating ecosystems that encourage innovation and creativity they called the Rainforest. In the simplest terms their model encourages innovation and creativity by assuring all the elements necessary for entrepreneurial success are present in a system and the environment assures individuals will see each other routinely and have what they term "collisions", or opportunities to think together. Of course, their theory is much more complicated than this simplified version.

Other work on the development of entrepreneurism and innovation communities has shown that the involvement of research universities enhances the likelihood of success. There was strong support among our faculty for the development of an innovation hub in Albuquerque. We were also fortunate to have strong support from the mayor and city of Albuquerque. The University of Florida developed a successful innovation hub (UF Innovation) and they agreed to share their experience with us. Using their experiences as a roadmap, we went to work developing an innovation district designed to bring together inventors, entrepreneurs, our faculty and students, and all the types of professionals necessary to bring an invention to market. We called this new innovation district the Lobo Rainforest.

Through UNM's intellectual property company, Rainforest Innovations, many Japanese students have spent time in New Mexico learning about entrepreneurism and what it takes to move an idea from concept to market. Many UNM faculty and leaders have had the opportunity to visit Japan and meet Japanese university and manufacturing leaders. On a visit to Japan in 2016, I had the opportunity to participate in the "Fledge Osaka Rainforest Connecting Entrepreneurs 2016" conference. At the conference I met Dr. Hiroshi Tsuji who was then president of Osaka Prefecture University and Professor Toshiyuki Matsui, professor of engineering at OPU. Both President Tsuji and Professor Matsui were interested in the creation of innovation hubs. Professor Matsui has brought several student cohorts to New Mexico to learn about our approach to the facilitation innovation hubs. Professor Matsui invited me to lecture on our model at Osaka Prefecture University. In January 2020, I spent three weeks with a group of OPU students and faculty discussing the Rainforest model, entrepreneurism and how to encourage innovation hubs. The lectures are translated in this volume.

One of the most important rules of the Rainforest, is "Err, fail, persist". In other words, there is no way to fail, if you persist and learn from your efforts. Hopefully, this volume will encourage experimentation on different approaches to entrepreneurism and the development of Rainforests in Japan.

Robert G. Frank, Ph. D.
Director the Center for Innovation in Health & Education and
Professor, College of Population Health, Departments of
Family Medicine and Psychology
The University of New Mexico

はじめに（Preface 翻訳）

ニューメキシコ大学の総長を、二〇一二年から五年間務めたが、総長になって間もなく、ニューメキシコ大学・レインフォレスト・イノベーションズ（ニューメキシコ大学のＴＴＯ：技術移転を扱う会社）が、ニューメキシコ大学（ＵＮＭ）の発明を日本企業へ移転させてきた長い歴史のあることを、同社の最高経営責任者リサ・クッチラ社長から聞いた。この移転事業は、ＵＮＭでともに働いている日本人、星エリさんが主導していた。クッチラ社長の言を借りれば、星さんをスタッフに迎えられたことはとても幸運であり、起業家精神の用語で言えば、彼女は「橋渡し役」なのである。すなわち、大規模なネットワークの中で、今までお互いに遭遇することがなかったかもしれない人たちを、巧みな手法で結び付けてくれている。

ニューメキシコ大学が以前から持っている利点の一つに、いくつかの非常に重要な国立の研究所に隣接していることが挙げられる。アルバカーキ市にあるサンディア国立研究所、アルバカーキから九十八マイルの距離にあるロスアラモス国立研究所、さらに空軍の主要研究施設の一つである、空軍研究所がある。これらの高度な国立研究所の存在により、ＵＮＭは米国内で最高水準の科学者との共同研究の機会を享受している。

総長在任中に、多くのＵＮＭ卒業生が、州外の仕事を求めてニューメキシコ州から去っていることを知った。この動向を調査したところ、ニューメキシコ州が高度な仕事を十分には生み出していないことが判明したため、大学の立場でどうしたら、仕事を生み出せるエコシステムを創造できるかを調べ始めた。調査を進めると、大学卒の労働者の比率が高い都市では、全ての労働者の給与が高いことが分かった。言い換えると、大学卒者の比率が大きくなると、高校卒やコミュニティ・カレッジ卒の人たちの給与もそれにつれて高くなっている。この現象は、生活費など、大学卒の労働者の比率とは関係のない要因を反映したものではない。このように多くの人に恩恵を与えている効果によって、大学卒の労働者比率の大きな都市では、多数の特許を生み出しており、頭脳集積地（ブレイン・ハブ）や、イノベーション・ハブと呼ばれる地域になっている。イノベーション・ハブの高位にランクされている街の高校卒労働者は、イノベーションの集積度で低位の街の大学卒労働者と同じだけ稼いでいる。この現象は、エコノミストが知識の波及、溢れ出し、と呼んでいることを反映しており、公式非公式を問わず、ネットワークを通じて知識が共有されていく効果である。起業家、イノベーター、その他の鍵となる役割を担う人たちを適所に集めることができれば、知識の波及を本格化させることができ、イノベーション・ハブの形成が推進されるのである。

どのようにしてニューメキシコ州での仕事を増やせばよいかを考え始めていたときに、ヴィクター・ワングとグレッグ・ホロウィットの仕事を知ることになった。彼らはイノベーションと創造性を推進する新しいエコシステムのモデルを研究発展させ、これを「レインフォレスト」と名付けた。彼らのモデルを非常に単純化して言うと、起業家の成功に必要なあらゆる要素が一つのシステムの中に存在することを確実にすることで、イノベーションや創造性を推進するというものである。このような環境下では、個々人が日常的にお互いに会う機会が増え、彼らの用語でいう「衝突（collisions）」が起き、一緒に考える機会が確実に訪れるというものである。もちろん、彼らの理論はこんな簡単なものではなく、もっと複雑な内容である。

起業家精神やイノベーションが起きているコミュニティの発展についての別の調査報告によると、研究型大学が参画することによってコミュニティの発展が成功裏に進む可能性が高まるといわれている。ＵＮＭは、アルバカーキ市にイノベーション・ハブが発展することを強力に推進し、また幸いにもアルバカーキ市の市長からも強力な支援を受けることができた。すでにイノベーション・ハブの発展に成功していたフロリダ大学（ＵＦイノベーションの名前で活動している）から、その経験を私たちと共有することの合意も得ることができた。そこで、フロリダ大学の経験をロードマップとして、私たちはさまざまな人たちを呼び寄せることによってイノベーション特区を発展させるべく努力してきた。すなわち、発明家や起業家、ＵＮＭの学部、学生だけでなく、発明を市場に持ち込むために必要なさまざまな専門家たちも集まるように企画した。この新しいイノベーション特区を、ロボ・レインフォレスト（the Lobo Rainforest）と名付けた。

ＵＮＭの知的財産を扱い、技術移転と経済開発を行う会社である、ＵＮＭレインフォレスト・イノベーションズ社を通じて、今まで日本の多くの大学生たちがニューメキシコに滞在し、起業家精神や、自分たちのアイディアを、概念の段階から市場に投入するためには何が必要かを学んできた。また、多くのＵＮＭの大学関係者およびリーダーが、日本を訪問し、大学や製造業のリーダーたちと会う機会を持つことができた。私が二〇一六年に訪日した折には、大阪府立大学（ＯＰＵ）主催のアントレプレナー教育シンポジウム“Fledge Osaka Rainforest Connecting Entrepreneurs 2016”に参加する機会があり、その折に、当時のＯＰＵ学長の辻洋博士と、工学部の松井利之教授と会う機会を得た。辻学長と松井教授は、イノベーション・ハブの育成に大変興味を持たれ、松井教授の指導により、五、六人の学生一行がニューメキシコに毎年訪れ、私たちのイノベーション・ハブ推進への取り組みを学ぶことになった。松井教授から、私たちのモデルに関しての講義を大阪府立大学で行う招待を受け、二〇二〇年一月に三週間ＯＰＵに滞在し、その間、学生や先生方と、レインフォレスト・

モデルについて、起業家精神やイノベーション・ハブ推進方法について議論することができた。そして、その折の講義内容が本書に翻訳されて収められている。レインフォレスト・モデルでの最も重要なルールの一つは、「間違えたり、失敗しても、粘り抜く」ことである。別の言葉で言うならば、粘り強く、自分で努力したことから学ぶことができれば、失敗することはない。起業家精神への少し違ったアプローチとして実際に実験してみることを、そして日本にレインフォレスト・モデルが発展するために本書が役に立てることを願う。

二〇二〇年八月

Robert G. Frank, Ph.D.

［訳者追記］

本書は、二〇二〇年一月九日から二十日の期間、ニューメキシコ大学のフランク教授が大阪府立大学で行った集中講義の内容をまとめたものである。一部を除き、著者が講義した言葉をそのまま日本語に翻訳している。この講義は、学部生、大学院生、社会人と、門戸を広げて開催された、イノベーション創出型研究者養成のＭＯＴ（Management of Technology）基礎演習として開講され、希望者にはアントレプレナーシップ科目群として一単位が付与される。COVID-19の問題が国内で大きくなる前の時期であったので、無事に全講義が終了した。

著者は地元でのイノベーション・ハブ形成に努力した豊富な経験を有する。西欧におけるイノベーションの歴史、学生をイノベーションの起爆役にするために米国で行われてきた教育、イノベーションがその地方や国の経済全体に及ぼす影響の大きさ、ＵＮＭで実践してきたレインフォレスト・モデルの紹介、自らのアイディアを起業に結び付けるためのプロセス、イノベーション・ハブの発展で近年注目されている欧米の都市の紹介、と内容は多岐にわたっているが、どれも興味深く、今までの起業家精神を扱った書籍とは少し違ったアプローチともなっている。最初から読み進めるのではなく、読者の興味のある章から読み始めることができる。興味のあるページを開くことで、イノベーションへの道標が見えてくるであろう。これからイノベーションを起こしたいと考えている学生、市場に大きな影響力を与えたいと思って日々努力している若手技術者、自分のアイディアを使って自ら起業する道を探している人たちにとってのガイドブックになることを期待する。

目次

第1講

イノベーションの歴史的変遷

──少し昔までイノベーションは悪者だった──

今日から六回のシリーズでイノベーションと起業家精神について話をする。私の話は、西欧社会、特に米国でのイノベーションに関する見方であって、日本での見方についての資料も少しは読んでいるが、日本に関する専門家として話すことはできない。講義する中で、皆さんに教えられてもっと日本についても学ぶことができるようになればと思っている。一日目の今日、第1講では、一般的なイノベーションという言葉についての背景、どのようにしてイノベーションが今日のような意味を持つようになったか、二十一世紀の、特に西欧で重要な意味を持ち、人々がなぜこれを重要な概念と見るようになったか、その歴史的な変遷について述べる。次回の第2講では、イノベーションが生活にどのような変化をもたらすかについて述べ、第3講では、人材と地域の発展、さらにどのようにしてイノベーションのための人材育成を考えたらよいかについて述べる。その後、イノベーションを育てる特別なモデルとして、ニューメキシコ大学でレインフォレスト・アプローチと呼ばれていることについて、その概要を述べる。最後に、大学と都市とが起業家を支援するためにどのようなことをしているか、その典型的な事例についても述べる。質問や違う観点からのコメントも大歓迎で進めたいと思う。ちょっと脇道にそれるが、米国最高裁判所での児童ポルノ写真に対する判決を引用して「法律で定義して決めるのは難しい。しかし見れば分かる」という米国のジョークがある。イノベーションも同じで、社会に変化をもたらした例は分かっても、千差万別な事例をまとめて捉えることは難しい。

写真1-1　シュンペーター著書
（参考文献1-1）

さて今日の本題の「イノベーション」という言葉はほとんど誰もが知っており、その意味も理解している。特に今世紀の世界では、イノベーションは経済を推進させる力としてその地位を確立しているが、歴史を少し遡ると、イノベーションはこのような形で始まったのではなく、フランスの歴史学者ロザンバロン（注1）の言葉を借りると、一〇〇〇年前には、「ネガティブ」な言葉であった。イノベーションは保守主義の反対として、変化を望む逸脱者あるいは異端者のようなものといわれ、否定的な、避けるべきものと考えられてきた。このネガティブな概念が、今日のポジティブな概念に変わっていく変遷を見ていく（参考文献1-2）。

現在我々が考えているようなイノベーションの概念は、二十世紀初頭の経済学者ヨーゼフ・シュンペーター（注2）に遡ることができる。彼は、イノベーションを変化するための力と捉えた経済学者であった。イタリアの偉大な哲学者マキャベリ（注3）は、イノベーション自体を評価していなかったが、私たちが使っているようにこの言葉を使い始めた人といわれている。

次の三つの質問をここで考えてみる。

◆どのようにして、イノベーションが社会の発展にとっての強力な力となったか。
◆どのようにして、昔の世代の人たちがイノベーションを思いついたか。
◆長年にわたるイノベーションの意味の変化がどのような道筋を辿ったか。

この三つの質問を考えながら、歴史を振り返っていこう。

古代ギリシャから中世へ

イノベーションの概念は古代のギリシャまで遡ることができる。古代ギリシャの人たちはカイノトミア“Kainotomia”という言葉でこの概念を表し、これは既存の秩序からの変化を意味していた。二〇〇〇年前の昔においては、決められた規律からの変化は危険であり、悪であると見られていて、イノベーションはネガティブな意味を持っていた。今日では、秩序を変化させることは美徳のように考えるが、その時代にあっては、とても危険でネガティブなものであった。一方で、古代アテネの軍人で数学者のクセノフォンはイノベーションを新しい切り口と表現し、もう少しポジティブに記述しているが、その時代での主流な考え方ではなかった。古代ギリシャには、イノベーションをどのように考えていたかの証拠が残っており、クセノフォンは、アテネで新規の鉱山を開拓してこの街の財源とすべきだと推奨していたことが分かっている。このように、イノベーションが主にネガティブと捉えられていた古代にあっても、すでにイノベーションがどのようにして経済を推進できるかを理解している人もいた。

次に四世紀以降のキリスト教会での著作を見ていくと、彼らは古代ギリシャ人と少し似ていて、イノベーションを二面から捉えていたようである。彼らは古い時代に戻りたいと思ってはいたが、古い時代の考え方に戻ることとは、基本への歴史的アプローチをもう一度始めるものであり、変化を求めるものではなかった。一方で、この時代においては、カトリック教会がイノベーションという言葉を、主に法的なコンテクストとして用いていたし、前にも述べた、マキャベリが新しい法律として記述していた。

紀元一五〇〇年近くの中世になると、イノベーションは異端者になること、不信心者になることと同じ意味になる。中世では、カトリック教会が西欧の人の考え方を支配していたため、異端者とか不信心者と見なされることは、その時代では大変深刻な攻撃を受けることだった。いやそれ以上に、万が一イノベーターであるという烙印を押された者は人々を誘惑し、自分の考えに染めようとしているネガティブな特性を持った者と見なされた。異端やイノベーションに反対する人たちは、反乱や内戦によって不安定で無秩序になった状態は、イノベーターのせいだと非難していた。そして、フランスや英国の国王による王室宣言でも、イノベーターは誰であれ社会に悪い影響を及ぼす者だと明言していた。

一五〇〇年から少し時間がたつと、イノベーションという概念は「逸脱した自由」という概念と一緒になり、やはりネガティブな概念として、人々に植え付けられていく。そして、“private design”として非難される。“private design”とは、カトリック教会から離脱する努力のことであり、教会を支援しないことであり、人々が社会的な変革を求めることの証拠を示すものであり、既存のものを避けようとするものであった。イノベーションは、変化に反対する人たちが用いる言葉としての武器となる。誰かをイノベーターとして決めつけるのは、変化を反対する人たちであり、たいていは、聖職者や君主たち、あるいは国王を信じている人たちであり、国王の役目はどのようなことをしても守るべきであると信じている人たちであった。保守的な人たちは、国王の役目などが変化することを望まず、彼らがこの時代においてのイノベーションに対する主要な反対者であった。

宗教改革から近世へ

十五世紀になると、カトリック教会は、教会を離れようとするプロテスタントを告発するようになる。マルティン・ルターがカトリック教会を離れたときには、イノベーターだと言って告発した。このような告発は頻繁に見られるようになり、先にも話したように、英国とフランスの国王たちもイノベーションを禁止した。また、清教徒は、アングリカンをプロテスタントの一派であるとして告発し、ここでもイノベーションという言葉は、改革者と改革を反対する人たちの論争の中で、双方が相手へのネガティブな用語として用いていた。

一五四八年には、エドワード六世（注4）が〝変革者に対する宣言〟（Proclamation against Those Doeth Innouate）を発布し、その中でイノベーションを禁止するとともに、人々がイノベーションを起こさないように促し、イノベーションを起こす者への罰則を制定した。翌年にはプロテスタントの祈りのための本、祈祷書（Book of Common Prayer）が改訂され、変革や新しいことを尊ぶ考えを持っているような愚かな人から影響されないように、とその中で記載している。

宗教改革の枠組みの中で、イノベーションという語句はプロテスタントの毎日の講話の一部になり、人々が頻繁に口にするようになるが、ここでもそれは、世界を悪の目的のために変えようともくろみ、プロテスタントをカトリックに戻して、再び一緒にしようともくろむ犯人のように見られていた。イノベーションは〝private liberty〟といわれ、異端であり、いつの間にか危険な場所に忍び寄るものとされ、根強く怖がられた。

十七世紀になっても状況はあまり変わらず、国王チャールズ一世（注5）はイノベーションを禁止した。主教、大学の学者、学校長たちも、変化を支援せず、変化を求めずとして、イノベーションに反対することを宣誓させられた。イノベーターと見なされた人たちは裁判にかけられ、行儀作法やエチケットが書かれた本（Books of Manners）には、イノベーターと一緒になってふざけることや、イノベーターとの社交や同席を禁止していた。既存の世界に反対したり、新しいアイディアを持ちたいと思う人は誰であれ悪人と考えられていた。

これまで述べてきた時代では、ほとんどの場面で、周囲に教会と君主がいた。しかし、十七世紀中頃になると、宗教的な意味ではなく、政治的な意味で君主に反対する者が出てきて、共和制主義者はイノベーターとして非難された。ちょうどこのとき、フランスでは王政が倒れ、共和制を生み出したが、共和制主義者やフランス革命の首謀者たちでさえ、イノベーションという言葉がまだ否定的であったために、自分たちの考え方にイノベーションという言葉を用いなかった。

十九世紀から二十世紀へ

十九世紀になってからの数十年の間に、イノベーションは、「社会的イノベーター」と呼ばれる社会的な改革者や社会主義者の考え方と捉えられ、ポジティブな意味を持つようになる。彼らは、安全な労働環境とか労働時間の短縮など、労働者の権利を改革したり、児童労働の法律を作ったりして、社会環境の改善を目指すようになり、これは、社会的意義と政治的意義とを持っていた。一方支配者層では、イノベーションという言葉を、民衆を躾けたりコントロールするものとして、そして、変化を提唱しないようにという意味で用いていた。

さらに、イノベーション的精神という言葉が、以前は軽蔑的な言葉だったものが、賞賛するような感覚を伴うものとなり、よりポジティブな変化が根付くようになる。十九世紀に始まったこの変化は、その後二十世紀、二十一世紀へと続いていく。学者たちは、改革やフランス革命の話を、革命が起きたときにはネガティブな事柄と扱ってきたのとは反対に、イノベーションの言葉で語るようになる。この頃には、イノベーション的な考え方が、人が暮らしていく上での新しい政治モデルのようになった。

このようにして、イノベーターは、今や歴史的な変革になくてはならない役割として記述されるようになる。私の講義の中で何回も出てくることの一つとして、強い意志を持った人間が世界を変えることができるという、イノベーターの英雄的なモデルがあるが、これは歴史的変化から生まれた。悪い人たちと見ていたのが、非常にパワフルな人が成し遂げていると見られ始めた。自分たちで変化を起こそうと奮闘してきた人たち、孤独な戦いをしていた人を英雄と見るようになる。

二十世紀になると、イノベーションはよりポシティブに受け止められ、法律、教育、文学、芸術、科学、医学や社会科学を変化させることに用いられる。一九四〇年代になると、イノベーションを人々が心理学的にも受け入れ始める。集団がどのようにして変化をもたらすか、このような変化と経済的概念を一緒のものとして考え、イノベーションが経済を推進し、行動モデルに変化をもたらすことで経済をより良くするといった、社会学的な会話が話されるようになる。今までは社会的な変化といわれていたものがイノベーションと呼ばれるようになり、改善とか大規模な変化として考えるようになったのである。

今やイノベーションは変化する、あらゆる思想、行動や、物として考えられるようになり、あらゆるアイディアが、あるいは個人の考え方が新規なものであればイノベーションと考えられるようになった。そして、イノベーションという言葉が意味を特定せずに広がり始める。イノベーションを拒否していた政府は、彼らが起きてほしいものとして、政治的ツールとして、イノベーションという言葉を使う擁護者となった。さらには、経済学にも組み込まれ、どのようにしたら自国を他国より競争力があるものにできるか、自国民の福祉財政面の改革をどうしたらよいかなどを考えることに使われるようになった。

第二次世界大戦後の技術変革からイノベーション振興へ

イノベーションが技術的な変化と関連づけられるようになったのは、第二次世界大戦が終わってからのことである。それまでは、社会的な変化に結び付けられていたが、第二次世界大戦が終わると、数多くの新しいアイディアや技術が急速に発展し、イノベーションは技術的な側面と結び付けられるようになる。そして、技術的なイノベーションと商業的な発明とが結び付くようになり、この結び付きがその後の八十年を支配するようになり、現在も続いている。

このようにして、技術的なイノベーションが今や国の経済的成長への直接的な指針となり、国家間の生産性の遅れや違いを減らすための手段となった。理論家たちは、研究や開発などのR＆Dが、イノベーションと変化につながるという線形モデルを正しいと言い始める。さらに統計学者は、どのようにしてイノベーションが変化を推進するかを評価するための計測標準を作り始める。科学が、よりシステマティックに適用され、成果とか変化を測りうる方法となり始めた。また、イノベーションは今や多くの国で、国の経済政策となっている。

ここ数十年のことを述べると、イノベーションが科学と技術の物差しとなり、科学と技術さらには新規の特許がお金を生み出し、全てがイノベーションの指標となってきた。これら二つの事柄が密接に結び付いてきて、学界のトピックスともなり、大学でも、イノベーションを促進するモデル、有機的に発生するのを調整するのではなく、システムとして実際にどうやったらイノベーションを創造できるか、というモデルを作り始めている。イノベーションをどうやって起こすかを研究することが、文化的に浸透し、政治的にも支配的な考え方となった。単なる一過性のものではなく、強力な変化への指針となり、昔はイノベーションそのものがしばしば中身が明確でないものだったが、今や変化への整然とした道筋を示すものとなった。

このようにイノベーションが変革を意味する新しい語彙となり、もはや五〇〇年前の否定的な意味ではなく前向きな意味となった。イノベーションは創造性（オリジナリティ）と同義語となり、普通に使われるようになる。イノベーションは差別化とか発展を暗示するものとなり、新しいアイディアの組み合わせを集めたものであり、新しいアイディアを推奨することと同じになった。もはや新しいアイディアを思いとどまらせたり避けたりするのではなく、実際に推進するものであり、経済的にも政治的にもはっきりと宣言するような、主な推進力と考えるようになった。経済学者はこのモデルを商業化するのが適切と考え、社会学者は新しいコミュニティを形成するのにイノベーションに関連した方策を取り入れた。

ここまでで述べてきたイノベーションの時間的変遷を振り返ってみよう。イタリアの著述家マキャベリは、「全ての事柄は常に流れていて、とどまることができない」と言った。そして、この考えをもとに、世界を安定させるために政治的なイノベーションを必要とした。反対に、現在の私たちは世界があまりに安定していて、もっと新しいことを導入して世界を攪拌し、変革が必要であると考える。最初に始めたときから、ぐるっと一周回ってきた。少し前に、発明とイノベーションが同じプロセスの中の一部となったと言ったが、もう少し詳しく言うと、発明がイノベーションの最初の部分と見なされるようになった。発明がイノベーションを導き、イノベーションが経済を駆動する、これが大変重要であると最後に言って、第１講を終わりにする。

注

（注１）一九四八年生まれのフランスの歴史家であり、社会学者。二〇〇一年からコレージュ・ド・フランスの教授。

（注２）一八八三－一九五〇年。オーストリア・ハンガリー帝国（後のチェコ）生まれの経済学者。企業経営者のイノベーション（革新）による経済成長を二十世紀初頭にはじめて提唱した。

（注３）一四六九－一五二七年。イタリアのフィレンツェ生まれのルネッサンス期の政治思想家で外交官。

（注４）一五三七－一五五三年。テューダー朝のイングランド王。九歳で国王となり、十六歳で病死している。英

国国教会の教義を整備し、プロテスタント化を進めたといわれる。

（注5）　一六〇〇－一六四九年。ステュアート朝のイングランド、スコットランド、アイルランドの王。王権神授説に基づく専制政治を行い、議会と対立して、ピューリタン革命が起こり、一六四九年に処刑された。

第2講

イノベーションの起爆

——学生を主役にする——

第1講でイノベーションという語句がどのようなところから生まれたのか、その歴史、記録に残っているイノベーションの意味のダイナミックな変化について話した。今回は、どのようにしてイノベーションが起きるのか、について述べる。そして、イノベーションの主たる概念、どのようにしたらイノベーションが推進できるのか、についても触れる。

イノベーションを考えるときに、最も重要なことは、“How might we?” どのようにしたらできるかを考えることである。身近な例を考えてみる。どのようにしたら、椅子に座ったままでも背中が痛くならないようにできるのか、もっといい方法はないか、と考えることである。このように、キーとなるのは、絶えず質問を考えることである。絶えず、いろいろな観点からこのキー・フレーズ“How might we?” を考え、答えを簡単に信じるのではなく、別の考え方で修正する作業を続ける。別の例で考えてみよう。どのようにして学生に数学を教えたらよいか、この「どのようにして」と質問することが、イノベーションを推進するキー・フレーズである。一日中長時間の勉強がよいのか、これしか良い方法はないと思うかもしれない。しかし、いろいろなことを考える中で、短時間で反復した教え方がよいのかもしれないと考えるようになり、データによって新しい考え方を見つける作業を行い、解決方法が見えてくる。このように、自分で経験して考え、自分で解決法を見つけるというやり方を進めると、想像力が閃くようになる。見て感じていることに制約されることなく、自由に違うやり方で、新しいアイディアを考えられるようになる。市場の機会、技術課題や、社会的課題などの解決すべき課題を定義すること全てが、イノベーションにつながる。このようなアプローチがイノベーターを生み出し、より多くの人たちがイノベーションを起こすことができるようになる。

イノベーションのスキル

イノベーションとは学ぶことでレベルの上がるスキルである。最初からイノベーションを起こすことのできる人もいるが、多くの人は学ぶことを通じて、いろいろなスキルを身に付けることで、活動的なイノベーターになれる。多くの人たちが、イノベーションこそが二十一世紀で必須のスキルであると信じている。きっと、次の世紀、二十二世紀から見るときには、イノベーションは二十一世紀に生み出されたといわれるようになるかもしれない。

さて、このイノベーションの学習プロセスの中で考えないといけないことは、大学の役割である。学生を教える課程の中で、従来の陳腐な教え方ではなく、どのようにしたら学生が、柔軟性を持って自分たちの課題に取り組み、創造性を発揮できるようになるかを考えないといけない。そのためには大学自体をどのようなものにするかを考えないといけない。現在の大学は、カレッジや学部からなり、それぞれが特定の専門分野を有するという、五〇〇年前にドイツで確立されたモデルで運営されている。この講義の中で皆さんは何回も聞くことになるが、専門が違う人と接触する中で最もイノベーションは起きやすく、今の大学のモデルがずいぶん時代遅れであることは確かである。工学のいくつかの専門分野、コンピュータ科学、起業家、その他の分野など多様な分野の学生を集めたチームを作ることで、イノベーションを掴むことができるようになる。しかし現実の大学では、工学部、理学部、看護学部、医学部とそれぞれ狭い学問分野の塔にこもっており、混じり合おうとはしない。だから、大学がイノベーションを推進できるようにするには、大学のモデルを考え直さないといけないが、五〇〇年前に確立されたモデルを変革することは簡単ではない。

しかしそのような中で一つの非常に成功した例が、スタンフォード大学のDスクール（注1）である。今回の一連の講義の中で何回かその話題が出ると思う。彼らは、どのようにしたらイノベーションを起こせるか、どのようにしたらもっと推進できるか、どのようにして今までと違うやり方ができるか、いろいろな進め方を試している（参考文献2-1）。一つのプロトタイプであるが、その取り組みは成功例といえるので、これからの話の中で何回かこのDスクールの内容を例として取り上げる。

クレイトン・クリステンセンは、ハーバード大学の教授で思想家だが、その彼がイノベーションのことを考えたとき、「二十一世紀での適応力や繁栄にはまったく新しいツールが必要」と言っている（参考文献2-2）。たった二十年前の前世紀で取り組んでいたことが役に立たなくなってくるという。それでは、クリステンセンの言う、イノベーターに必要な五つの核となる技術（表2-1）を見ていこう。他の何人かの人の言っていることと、私の説明は少し違うかもしれない。最初の項目は観察と気づきである。特に目新しいものではない。みんな観察し、注意して見ているが、肯定的な部分と否定的な部分の両方に注意して見ることが必要である。機能するもの機能しないものを、どのようにして

表2-1　クリステンセンの五つの核となる技術

(1) 観察と気づき
(2) 現状への疑問
(3) データや考え方の結合
(4) 違った観点からの試行
(5) ネットワークの構築

理解するかがポイントである。二番目は現状に疑問を持つことである。もっとうまくできないか？　別の方法はないか？　もっと安価にできないか？　もっと効率良くできないか？　これを必要とするグループにとってもっと親しみやすいものにならないか？　と考えることである。次は、分野を超えて、一見関係なさそうなデータや考え方を結び付けることである。もちろんこれは大変難しく、もともとまったく違って見えていたものを結び付け、全体をまとめて一つの考えに持っていくことである。

四番目は、違った観点から試してみる、実験してみることである。これはこれからの話の中で何回も繰り返して聞くことになるだろう。イノベーターは素晴らしい実験家であり、リスクを取ってトライし、必要なら別のやり方に移ることができる人である。秀でたイノベーターは、やろうと決めたことに執着せずに、柔軟に素早く変化することができる。最後の項目は、これも私の話の中でいろいろな形で何回も聞くことになると思うが、ネットワークを作ることである。成功したイノベーターは、自分と似たような人とだけ話すのではなく、実にいろいろな人たちと交流している。文化が違う、人種が違う、専門性が違う、違う分野の人たちと交流することで、自分の抱えている課題を、まったく違う目で見ることのできる人を探している。そして違う目で見ることができる人たちとの交流でイノベーションの突破口を見つけることができる。

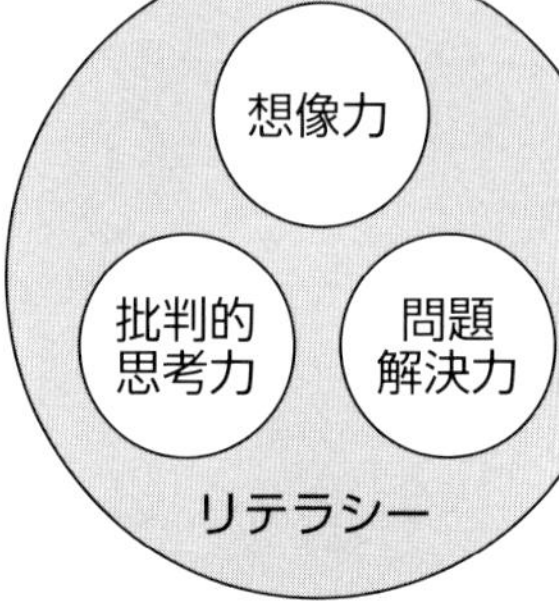

図2－1　イノベーションのための三つの能力

イノベーションは、創造力、批判的思考力（注2）、問題解決力の三つの能力を高度に関連づけたものであり、これらの能力が織り込まれたようになってイノベーターが生まれる。皆さんは、この三つの領域全てにおいて十分な力は持っていないかもしれないが、ネットワークによって得ることができる。仲間がそれを補ってくれるのである。例えば、あなたの創造力は素晴らしいが、批判的思考があまり得意でないかもしれない。物事を別の観点で見ることはできても、次のステップで、いろいろな観点から見たことをまとめることが必ずしも得意でないかもしれない。このようなときには、批判的思考力に優れた仲間を見つける。一緒にチームを組むことであなたの力も増す。今日多くの大学で、この三つのスキルを持った卒業生を、どのようにしたら社会へ送り出すことができるかが課題となっている。米国の大学では、ただ機械的なやり方で、専門性の狭い範囲で学問をする学生を育てているだけで、得られたデータを並べ替えて違う結論に辿り着けるような、批判的思考力を持つ学生を育てられていないとの批判が大きくなっている。政治の世界でも、米国の多くの大学が現在うまく機能していないと思われている。

変化の主役（Agents of Change）

現在、大学の持つ大きな可能性として、学生を変化の主役に育てるということに焦点が当てられるようになった。これこそが、スタンフォード大学のＤスクールが大きな目的として運営されてきたことであり、いろいろな学生を集めて、学部で教える内容とは違ったことを学ぶことができる場を作ることである。二〇一〇年、米国の国立科学財団（ＮＳＦ）は、次世代のエンジニアをもっと創造性のある、起業家精神を備えた、思想的リーダーとして育てなければいけないと考えた。そのときの米国の状況を見ると、育てられたエンジニアが、決められた方法で周りの世界のことを考えるだけで、批判的思考力を使って考え方を多様化することができていない、とＮＳＦは考えた。そこで、ＮＳＦが助成金を募集し、スタンフォード大学がこれを受けて、これまでほとんどの大学で行われていた伝統的手法に代わり、垣根を超えた育成方法を行うべく、Ｄスクールが中心となって、助成金を申請した。その後すぐに、Ｄスクールは二つの団体と連携を取った。一つは“VentureWell”（注３）で、この団体は米国内の多くの大学と連携を持っているので、国内の多くの他大学の学生を受け入れることが可能になった。さらに、この事業をシステマティックに行うことができるように、また終了後も継続できるような体制とするための調査を行えるよう、外部の目を入れるべく“SageFox”（注４）と連携し、最終的にＮＳＦの助成金を獲得した。こうして、二〇一一年には、エピセンター（Epicenter）（注５）が開設された。そのミッションは、米国内の大学の工学系学生に、自分たちのアイディアを卒業後にそれぞれの職業・経歴に活かして、イノベーションにつなげていけるような力を与えることにある。もちろん学生自身が主役であり、学生は変化の、そしてイノベーションへのエージェント、いわば〝大使〟役を期待され、卒業生が周りの人たちとともに、それぞれの分野で新しいアイディアを生み、変化への主役となる。工学分野に的を絞り、エンジニアが学際領域へアプローチすることを目指している。それぞれのエンジニアが、違った専門分野の人たちと一緒になることで、彼らが受けた教育だけを身にまとうことから抜け出ることを期待している。

スタンフォード大学では、エピセンターの中に“University Innovation Fellow”（注６）を創設し、このフェロー（特別研究員）が、プログラムに参加する学生を募集した。最初に手がけたのは、物理的なスペースの改善で、全ての参加者がお互いに自由に話ができることを推奨するためのスペース作りである。オフィスがどのように機能するかを考えてみると、お互いに話ができることを推奨するように設計することもできれば、そのような機会を奪うような設計になっていることもある。オフィス・スペースの設計でお互いが交流することを妨げてしまうのは、どのようなオフィスの場合か、考えてみてほしい。オフィスを作ろうとするときに、サイロのような狭い空間でみんなが仕事をすることを望むだろうか。

ちなみに、皆さんの講義室の周りを見てほしい。高い壁で仕切られ、共通スペースは少しだけしかない。日々学び研究している場所の中で、みんながいつも集まれ、コーヒーやクッキーなども手に取って、お互いに話ができる魅力的な場所が必要なのである。しかし、今日講義している建物のように、米国の大学もちょうど同じで、それぞれの学部の建物があり、学生は、異なる学部の間を行き来することは可能であるが、たいていの場合、学部を超えて創造的な会話ができる機会は多くない。ただ、例外はあり、そのような場所で大きな成功が起きている。積極的なメンバーを勇気づけるには、オープンスペースや共通の集会場のような場所が必要で、そこで、「衝突」と呼んでいるが、あなたと食い違った考えを持った人と会い、ブレインストーミングができ、一緒にアイディアを考えることができる。そこでの会話は、子供たちはどうしているか、とか、今度の週末にどう過ごすのか、といった話でもいい。それがお互いを結び付ける社会構造（“social fabric”）を形成するためには大切なのである。このような単純な事

図２－２　オープンスペース

柄がイノベーションにつながるとても重要なことなのだが、継続的に実現するのは簡単ではない。このことは、これからも何回か触れる。

さて、場所ができると、参加している学生は、変化の主役となるためのスキルを学び、変化を醸し出せるようになることが求められる。そのためには自身の専門から飛び出して、違う専門分野の人とコーヒーでも飲みながら話し、彼らのアイディアも聞き、お互いにもっと大きな視野を持つことが必要となる。お互いに会って話し合うことで、多くの可能性を持てるようになる。周りの特徴ある学生を嗅ぎつけることが、重要なスキルなのかもしれない。行動することが第一で、別の言葉で言うと、研究室の中で研究をしているだけでは何も変わらないので、外に出て今まであまり関係がなかったことにも関与し、違う見方を探さないといけない。博士号を取ることだけを考えていてはだめである。だからといって研究をやめるということではなく、外に出て、博士号の研究とは違う事柄も学ぶ必要がある。

学生たちは、スタンフォード・モデルをもとにした、〝デザイン思考〟を肌で感じることができる。それによって、人間中心の課題を見出して、現在分かっていること以外に、いろいろな出口を想像できる思考方法や技術を身に付けるようになる。例えば今ちょっと想像してみてほしい。あなたに目の不自由な友だちがいて、四六時中誘導しなければいけないとする。あなたが通りを誘導しようとするときに、目が不自由な人にとって起きる大きな問題の一つはどんなことだと思うか。目の不自由な人にとって何が危険で、どのようなことで傷つくかが分かるか。杖を持って歩いていると、前にある物はかなり検知できるが、木の枝が目の前にあっても、顔に当たるまで分からない。だから、あなたは自分とは違う感覚を考えないといけない。例えば三次元レーダーなどで、目の不自由な人の周りに広がっているものを検知することができれば、木の枝があることが分かるかもしれない。このように私たちが生活している中でも、違う感覚を想像することが大事なのである。

素早い実験と素早い失敗

今までも言ってきたが、イノベーターとはいわば実験家なのである。イノベーションを成功するための道では、素早く短時間の実験を行い、何かを学びそして次に移る。それは、皆さん大学院生が論文を書くための研究に一年かけるのとは違い、完全な科学を目指すものではない。目指している解決法について必要なことを十分に学ぶことは、少し大まかに広い視野で科学を実行することなのである。このやり方がうまくいくか、制約は何か、どうしたら改良できるかを考える。私の話の中で何回も聞くことになる言葉は、「素早く失敗する」ことである。アイディアを思いついたら、とにかく動いて素早く試験的にやってみて、早く失敗する。もしもうまくいったら、少しは成功を得られることになる。うまくいかなかったら、同じ場所に長くとどまらないで、素早く次に移るのである。十分な情報を注ぎ込んで分析し、自分のアイディアが価値あるものかを調べる。価値あるものでないならば、それは横に置いて、次のことに移動する。素早く失敗するとは、何かを目指すときに実験的にアプローチすることである。そして、得られたデータから学び、得られたデータに向き合うことである。起業家は時として、アイディアの実現の方法を考えつくと、それが絶対に正しいと思ってしまうことがある。得られたデータがその方法を支持していないときでも、支持するようなデータを出すための、別の実験を始める。このようなやり方はうまくいくこともあるが、たいていはひどい失敗へとつながる。

何回も言うが、アイディアを素早く失敗することが正しい方法であり、そのためには素早くアイディアを実行してみないといけない。今、あなたがビジネスを始めようとしていて、素晴らしいアイディアを思いついていることを想像してみてほしい。そして両親が、あなたがビジネスを始めるために、実験してみるために、十万ドルのお金を準備してくれたとしよう。完全なビジネスだと確信できるまで時間を使うと、十万ドルを使い果たしただけで、ビジネスとして何も示せるものができないままになるかもしれない。しっかりとした結果が示せるように進むことが必要で、しかも正しい道を進んでいるか、間違った道かをはっきりさせないといけない。しかもその結果を出すことに、全てのお金を使ってしまってはいけない。まずは小さく試してみる方法を探す。素早く試してみて、もし正しい道でなければ、素早く失敗すること、とにかく素早くアイディアを実行しなければならない。

チーム活動

私は、あなた方に違う専門分野の人たちと一緒に働くべきだと言ってきた。ところが、チームでの活動が往々にしてうまくいかず、混沌とすることがある。イノベーションを成功させるためには決定的ともいえる問題だが、なぜこんなことになるのだろうか。どのように解決したらいいのか。イノベーターといわれる人たち、起業家精神を持った人たちは、一般的に好奇心が強い人たちである。なぜ好奇心が強いのか、どのようにして人と違ったことができると思っているのか。彼らは往々にして、共感力があったり、想像性豊かであったり、失敗を恐れない気質の持ち主である。ところが、このような気質を持った人たちが集まってチームを組んでも、しばしば失敗する。なぜ失敗するのか。

第一に、今までに成功したイノベーションがどのようにして可能になったか、成功するための方法への理解不足が挙げられる。二つ目の原因は、イノベーターが、時として自分の存在、自分の進め方を、これが英雄の進むべき道と考えていることである。一人のアイディアを持った人間がさまざまな苦難を乗り越え、一人で奮闘し、最後には成功する。このような米国の映画はたくさんある。日本でも同じような映画はあると思う。そこでは素晴らしいアイディアを持った人がいて、誰も支援してくれないが、最後には大変な成功を収める。ところが、イノベーションは映画やテレビのようにはいかない。成功したイノベーターは、他の人たちと協力して働き、他の人たちから学ぶことが必要なのである。三つ目の原因はイノベーションを起こそうとする個人の能力に対して、環境の与える影響力が大きいことを認識していないことである。これについては、これからもう少し学んでいく。

他にも大きな障害となることがある。それは、専門分野それぞれが独特の言語、独特の言い回し、課題への独特の取り組み方を持っており、問題をどのようにして考えるかが、受けてきた教育に左右され、それぞれの人たちが信じている文化ともなっていて、異なっていることである。そしてこの独特の言語はグループの中でうまく翻訳できないことが多い。何人かのエンジニアと何人かのコンピュータ科学の専門家を同じ部屋に集めたとすると、共通の事柄は理解できたとしても、すぐにそれぞれの専門用語で話を始めてしまい、たちまち意思疎通できなくなる。これは、それぞれが教育を受けてきた分野に誇りを持っていて、それが自分のアイデンティティの一部と考えているので、この問題の深刻さに気づいていないと、どうしても専門用語を使う話し方になってしまい、垣根を作ってしまう。

イノベーター、起業家は不確実な状態の中で、チームのみんなが進む道を決めなければならず、はっきりした解決策が分からない中で、答えを見つけるための努力をしないといけない。不確実性は、毎日の生活を送る中では、誰でもどんなことをしてでも避けて通りたいものである。何事にも確実性を求めようとする。目的の列車が何時に出発するかを確実に知ることができれば、駅に時間通りに着くことができる。自宅への帰路で、何か食品を買って帰ろうと思ったときには、冷蔵庫に何が入っていたかを確認したいと思うかもしれない。将来を予知したいと思うことはあるだろうが、イノベーターや起業家のいる世界では、将来の予知などありえない。成功に向かっているのか、はっきりしない世界なのである。失敗するかもしれないし、成功にかなり近づいているのかもしれない。資金が十分でなく、成功に近づいているかが分からないままで失敗してしまうかもしれない。イノベーターや起業家の事業の難しさは、他の人には信じてもらえない、大変困難なものである。

人が不安になると、周りへの信頼度が下がる。怖くなったり、不安になったりすると、座ってワインを飲んで、人生を語り合っていたときのようには、周りの人を信頼できなくなる。

だから、不安こそ信頼の敵であり、信頼こそがイノベーションの手先なのである。イノベーターや起業家を目指すあなたは、イノベーションに向かって進むチームの中で、信頼を育てる方法を見つけることが重要で、不安感を減らし、不確実な中で進んでいくことに耐えられるようにしなければならない。

最後の問題は、場所と時間が離れているために、課題の理解に齟齬が生じ、このことから、イノベーションを起こそうとしている人たちを引き離しかねないことである。イノベーションの環境を作ろうとするときには、グループのお互いが近くにいて、頻繁にお互いに会えるようにすべきである。最近の先進国のオフィスでは、それぞれに個室を与え、交流の機会を減らしている。だからなおさら、あなたたちは外に出て、鍵となる人たちとの交流方法を見つけ、イノベーションを促進しないといけない。

チームとしてイノベーションを起こす、成功するために必要なことは、チームのメンバーが個人としてのスキルを持っていること、これからしようとしているビジネスについてよく知っていること、さらには自信を持っていることである。そして自分のスキルを、いろいろな専門領域から集まっているチームの中で活かし、チームのメンバーを信頼し、他の人が言うことに耳を傾け、時には自分が間違っていることを認めたり、自分で正しいと思っていたやり方を諦め、他の人の提唱する解決方法を信用することである。これらのことを注意深く考えると、それは人生の中で最も難しいことだと気づくだろう。時には、自分自身の考えに従うのではなく、「いやあ！　あなたは実にスマートで、いつも正しいことを言ってくれる。たとえ、あなたの方法が間違っていたとしても、喜んであなたのやり方で試してみよう」と言ってみる。やらせてみて、うまくいくかを見るのである。このようにできることが、とても大事なスキルなのである。

複雑な問題への対応

さて、別の問題に移ろう。現在という時代で、イノベーションを起こすのは、なぜこんなにも難しくなっているのか。実は簡単な理由で、我々の世界では、今までより複雑となった、〝やっかいな問題（Wicked problems）〟と名付ける問題が増えている。このやっかいな問題は、実にたくさんの部分からなっていて、その全てを頭の中で整理して考えることができない。多くのいろいろな事柄が関与している。二〇〇年くらい前までは、問題、課題を見つけると、たいていは線形問題だったので、その問題を観察し、それについて討議し、解を見つけることができた。数少ない入力と少数の出力を考えればよい、それほど複雑ではない問題であった。しかし、インターネットでつながった現在の世界は、何百万の人が絶えずインターネットでつながって通信しているという側面を持っている。このことがやっかいな問題を生み出していて、その解決には驚異的な量の知的パワーと創造力を必要とする。現在の課題は、単に物を作ることに代わって、正しい物を作ることが要求され、過去には、どうしたら製造できるかを考えればよかったものが、今では正しい物を作ることが必要となっている。

やっかいな問題は、解決に至るのが大変難しく、問題の内容を定義することすら難しい。時間とともに変化し、環境に影響を受ける。静的な問題ではなく、問題を解こうとしている間も変化していく。まるで自転車に乗りながら、パズルを解こうとするようなものである。ますます複雑になり、絶えず変化している。祖父母やその同世代の人たちは、そんなに多くの複雑な問題には直面していなかったが、今や誰もが複雑な問題に直面するし、我々の子供たちも直面するだろう。この無制限の複雑さは次のようにも考えることができる。すなわち、二〇〇七年には、世界中で米粒より安価な値段で多くのトランジスタが生産されていたが、それが二〇一〇年にはこの地球上の人口より多数のマイクロプロセッサが存在している。これらのマイクロプロセッサが相互に通信し、次々と相互作用を起こし、我々はその最前線にいるが、この変化を十分理解することができない。

チーム活動のパフォーマンス

ビジネス・コラムニストのジェームズ・スロウィッキーは『「みんなの意見」は案外正しい』（参考文献2-3）の中で、チーム構造について、次のように書いている。

同じ専門のエキスパートたちは、その専門の人たちが共有する考え方を自分で正しいと思い込み、物事を曲線分布のように考えると、その曲線の端のものより真ん中のものを選びがちである。

同じ専門性を持った専門家が集まると、彼らに共通するものの見方を強め合うことになる。同じようなエンジニアばかりが一つの部屋に集まって話している場合は、誰かが提案した内容を簡単に承認することになるであろう。しかし、計算機科学、哲学、さらには芸術家までが一堂に会したときには、誰かが解決策を言ったとしても、それぞれの世界観で見てしまうから他の人の提案に懐疑的になる。簡単に言えば、物事が極端に複雑な場合であっても、我々は、解を求めるときに、模式化した曲線の両端ではなく中央値を選びがちなのである。

前に別の言い方で話したが、専門用語はとかく同じ専門分野の中でよく使われ、これが違う専門分野の人と一緒に働くときには障害となる。だから、同じことを話しているにもかかわらず、お互いに意見が一致していないと思ってしまうことになり、専門分野の境界領域で仕事をしているときは、チーム内でしょっちゅう混乱が起きることになる。これが一体どんな問題なのか、誰がこの問題を提起したのか、どのようにしようとしているのか、誰も分からない状態になれば、チームのみんなが混乱する。言語の問題が重大問題になる。だから、イノベーターがしなければならないことの一つに、イノベーションを分かりやすく理解できるものにする、そのためのリテラシーの向上を目指さなければいけない。我々が自分たちだけの用語やツールを持っていると、コミュニケーションが悪くなり、ゼロサム思考と呼ぶ状態となって、何が問題なのかその原因を突き止められなくなり、不確実性の中でチームの進路が定まらなくなる。

いろいろな専門性を持ったチームの中では、共通の確立された用語が必須となる。イノベーションを起こそうとするグループには、専門性の境界や物事のいろいろな側面を包含した考え方ができる人がいるとよい。その人が通訳のようになって、専門性の壁を超えて話をすることで、お互いに理解できるようになる。

ＬＵＭＡ研究所の活動

今まで述べてきたような課題を考えて、スタンフォード大学にデザイン思考への挑戦の場として、ＬＵＭＡ研究所（注7）が設立された。（これは、スタンフォード大学が以前から言っていたことでもあるが）イノベーターとしての資質を持った多くの人たちが、基本となるスキル周りでのリテラシーや雄弁性に欠けていることが往々にしてある。別の言葉で言うと、自分の専門性を超えた、境界を跨いだ話ができない。そこで、ＬＵＭＡ研究所ではイノベーターのために語彙を集めた、単語帳を作ることにした。さらに、まだはっきり声になっていない、まだ見たことのないようなニーズに注目できるスキルを学ぶ。例えば、目の不自由な人が一人で街を歩いていて枝か何かにぶつかったとする。目に不自由がなければこのような問題を考えないだろう。目に不自由があれば、このような問題を考えることはできるが、「障害物を検知したらノイズを出す杖をデザインしてもらえないか」という要望を発明家にすることは難しい。気がついたことを分析し、モデル化できる方法を考えることである。モデル化することは、学際領域の課題を考えるときに適切な方法であり、将来の可能性を描くことができる。そして、キーとなるアイディアをアイディアの段階から実世界に入れてみて、動作するかをテストしてみることである。

チーム活動と信頼

人間と同じように、チームにも人間の一生に相当する変化があることを覚えておいてほしい。新しく作られたチームでは、いろいろな面でトップダウンのリーダーシップを必要とする。最初に集まったときには、前に出て「このチームの目標はこれである。あなた方に今こういうことをしてほしい。この方法で、一緒に働くあなた方を励ましていく」と話をするリーダーが必要である。だから、リーダーは前に出て、「さあ、まずこのようなことを始めてほしい。その後で報告に来てほしい」と言わなければいけない。

チームとして一緒にしばらく活動すると、人間でいうところの幼児とか一、二歳児になり、チーム員は自分の境界を見直し、今までと違うやり方、今まで考えていたことと違うやり方ができないか考え始める。例えば、エンジニアがすることを見ているだけだったチーム員が、計算機科学の人が解決策を出してくれないだろうかと考える。ティーンエイジャーといえる年数になると、チームの中の他の人との競争心が芽生え、自分がしていること、できたこと、など自分の成功を証明したがるようになる。成熟したチームになると、課題としている問題に対して、協力してお互いを支援するようになり、最良の結果を生む。チームの成熟度を測るために、どのくらい協力しているかを測る良い物差しがないかを考えたくなる。例えばチームが二つあり、一方が他方より、より協力的だと言うためには、何を見ればいいか。コミュニケーション・スキルである。では、コミュニケーション・スキルを見るには何を見ればいいか。それは、通訳者の存在、難しい課題を説明できる人の存在である。もう一つの簡単な物差しは、お互いに人の話を遮ることがないかを見ることである。人の話を遮ったり、自分の話をとにかくすぐに言うようなことでは良いチームとは言えない。チームメンバーが、お互いを尊重し、各人の考えをよく聞き、途中で遮ることなく注意深く聞いて、時には複雑な項目を簡単なことに説明してくれる通訳者の話を聞くことで、良いコミュニケーションが生まれる。

もう一度、信頼について話そう。というのも信頼こそが、効率良く一緒に仕事をするチームにとって必須だからである。信頼と尊重とは一心同体である。チームメイトが何か役に立ちそうな話をしようとしているときには、その人の話を注意深く聞き、途中で遮らない。次に大事なことは、自分の信念は横に置いて他の人の考え方を聞くこと。これは大変難しい。誰でも自分が優れたエンジニアだと思っているし、他の人の解決方法よりうまく仕事を進められると思っているから、他の人の話をきちんと聞いていないことが多い。しかし、自分のことは横に置いて、他の人の話を聞き、彼らにアイディアを話させることができたら、何か自分にないことを見出せるかもしれない。このように、自分の信念、考えを横に置いて、ちょっと立ち止まって、他の人を信頼する、これが良いチームには必須なのである。あなたがそのように行動できたとしても、周りの人たちができなければ、やはり良いチームとはならない。信頼と尊重の感覚をみんなで共有し、いろいろなやり方を試してみることのできることが良いチームへの道筋となる。

成功したチームの活動

能力の高いチームのリーダーは、意思決定のサイクルを増やすことで、信頼と協力を促進していくことができる。別の言葉で言えば、お互いによく聴くことで、どちらに進むべきかギリギリのところをさまようこともなく、物事を進めていくことができる。集中を持続し、アイディアに沿って進めていくことで、みんなの集中力がますます鋭くなり、良い方向に進める可能性が高まる。

成功したチームでは、みんなが同じように発言し、同じように聴いている。これは実に簡単なことだが、多くのチームでは一人か二人が六十%の時間を使って話をし、残りの七人が少しずつ話をしているような状況が往々にして見受けられる。チームが成功するためには、全員のバランスが取れていないといけない。全員が同じように話し、同じように聴く。取り残された壁の花はいないこと、支配的な人もいないことである。それは簡単ではないが。

次に、メンバーはお互いに顔を向けていることが大事である。お互いの目を見て、お互いによく聴いていることである。もし、話し合いの輪の中にいて、誰か一人が後ろを向いて何か書いていたとする。その人は話に参加していないし、アイディアを作ることにも参加していない。もう一つ別の例として、チーム内での仕事をしながら、個別に話をしたり、無駄と思えるようなコミュニケーションをしている人がいる。誰かのアイディアが馬鹿げていると話しているわけではない。何かアイディアを思いついたら、チームの中で誰かにすぐにでも話して、そのアイディアに対する意見をもらおうとしている。しかし、メンバーはみんなで情報を共有することが大事である。誰かだけが独り占めせず、

図2－3　傾聴

共有された知識としなければいけない。メンバーは時として意見が分かれ、新規の方法を探そうとするが、その情報はチーム全員にもたらされ、そのことでお互いの信頼が増す。チームがそれいけとなっているときには、誰も席を離れる者はおらず、何か新しいことを見つけたらチームに持って帰ってみんなで共有する。信頼していれば、たとえ部屋から出て行っても帰ってきたときには、不在中にあったことを教えてもらえ、あなたもまた学んできたことを周りに教えるのである。これが信頼と尊重である。このようなチーム活動は非常に簡単で重要なことだが、いつでも一貫して実行するのは難しい。一日だけこのような状態にできても、ずっと維持することは難しく、イノベーションを成功させるための挑戦ともいえる事柄である。

情報の共有

スタンフォード大学と一緒に活動しているグループであるＭＡＹＡ（注８）は、仕事をしている人たちが、スペースを〝外部記憶〟として使っていることを見出した。例えば、この部屋を見渡してみてほしい。この部屋のデザインは、部屋の周りにあるホワイトボードを外部記憶として使えるように設計されている。このスペースをアイディアの創造にも使えるし、方程式を解く場所としても使える。この場所が、あなた方の仕事の歴史、経過の一部となっていて、ノートに書き留める必要もなく、みんなが会話に参加できる。これがホワイトボードが置いてある理由なのである。情報をみんなで共有する。そしてポストイット®を使って、関心のあることを表示するのである。

人間は、大まかには七つくらいしか短期間の記憶として保持することができない、といわれている。そうすると、二十のアイディアを考えても、二十のアイディア全てを記憶しておくことができない。あなたが覚えておきたいと思っている七つしか頭に残らない。何を覚えているか、それはあなたの履歴とか、今までに訓練を受けてきた内容にもよるため、他の人が覚えていて考えていることとは違うかもしれない。だから、このような外部スペースを使うわけで、それが外部メモリとしてチームに大変役に立つ。ノートに書いていても、チームとしては役に立たないかもしれない。〝Ｋ・ｉｖａ〟（注９）のような三六〇度ホワイトボードで囲まれた円形の部屋がいいのかもしれない。この部屋のように四角の部屋でも、たくさんのホワイトボードがあればいい。要は、コミュニケーションが取りやすいようにして、情報の共有を図ることで、より多くを記憶できる。

今日の講義はこれで終わる。次回は人材について話す。今世紀になり、どのようにして市民の教育がなされ、それがイノベーションに結び付いているのかを述べる。

注

（注1）二〇〇四年に設立された、ハッソー・プラットナー・インスティテュート・オブ・デザイン、通称D.school は、スタンフォード大学に拠点を置くデザイン思考を教える研究所。一〇〇ほどの他大学の学生を受け入れてイノベーションに必要な素養を訓練している。

（注2）クリティカル・シンキングともいい、感情や意見に流されることなく、客観的に課題を分析し、最適な解に辿り着くための思考方法。

（注3）教員や学生のイノベーションに資金を提供してトレーニングを行い、社会的に有益なビジネスを成功させるための非営利民間組織。

（注4）社会的評価を行っている非営利民間組織。

（注5）National Center for Engineering Pathways to Innovation　米国の工学系学生自らのアイディアをイノベーションや起業につながるように支援する団体。二〇一一年から二〇一六年まで米国国立科学財団の基金で運営された。

（注6）スタンフォード大学エピセンター内の特別研究員制度。全世界から学生を募集し、その学生たちにそれぞれの大学で変化を起こす中心となれるように訓練する場の設定、運営などを行う。https://universityinnovationfellows.org/about-us/program/

（注7）イノベーション・プロセスの効率を上げるための、人間中心の教育を行っている財団で、MAYA Designの思想のもとに二〇一〇年に設立された。

（注８）一九八九年に設立された、人間に優しいことを最優先とするデザインを考えるコンサルタント会社。二〇一七年にボストン・コンサルティング・グループの一員となっている。

（注９）プエブロ・インディアンが重要なことを討議したり決めたりするときに、どこから見ても同レベルと考えられる円形の空間を使ったことからいわれる会議スタイル。ニューメキシコ州内に、いくつかの円形の遺跡が残っている。
https://www.nps.gov/band/getinvolved/planning.htm

第3講

イノベーションによる生活の変化
――人的資本と地域の発展、生活の向上――

前回の講義では、二十一世紀現在においてイノベーションがどのように見られているかなどを話した。今回は、二十一世紀に労働力がどのように変化しているか、その変化とイノベーションとの関係について述べる。

今日の話は、参考にした元の文献が米国のもの（参考文献3-1）なので、ほとんどが米国の視点から見ている。多くのポイントは日本にも当てはまるものと思うが、私自身はそれについて話ができる専門家ではない。

米国における仕事の変化

まず最初に、米国の労働者がどのように変化していったか、知的労働力と呼ばれるものがどのようにして増えていったのかという話から始める。過去一〇〇年間は、米国のほとんどの仕事は大規模な工場、製造業に伴うもので、工場は製品に付加価値を付ける場所であった。ところが、一九八〇年に潮流が変わり、工場が減り、工場での仕事が減少した。今日における重要な仕事は知的労働と呼ばれる、知識の生産に関する仕事であり、新しい知識を作る仕事である。この新しい知識の生産を、知識労働“knowledge job”と呼ぶが、この知識労働への動きは、二十一世紀を通じてこれから数十年は続く。グローバル企業は、国境を跨いで、イノベーションを起こせる人材を追いかけ、イノベーションを起こす企業との連携で競争する。イノベーションを起こす企業の地理的な場所、その集積地が、優秀な人材の集まる場所を決定することになる。今回の後半で、頭脳集積地“brain hubs”について話すが、知識労働の人たちが集まった頭脳集積地の存在が、どの国が今後繁栄し、どの国が衰退するかを決めることになる。仕事を生み出す場所としての工場の地位は低下し、代わって高学歴の労働者が大部分を占めるような都市が新しい形の工場となり、そこではアイディアや知識が磨かれていく。

米国の歴史を少し振り返ってみると、第二次世界大戦が終わったとき、家庭の裕福さを評価する今日の基準で考えると、米国の家庭は貧しかった。その国が先進性であるかどうかの指標ともいえる、幼児の死亡率は高く、給与はかなり低く、消費、物の購買力も低かった。電気冷蔵庫や皿洗い機など家事に使う電化製品は、その当時ほとんど普及しておらず、米国の家庭のわずか二％しかテレビジョンを持っていなかった。

その後、一九五二年からの三十年間で、米国は経済的に大きく変化し、収入が増え、消費が爆発的に増加した。今まで経験したことのない楽観的な感覚に覆われ、人々は以前に比べてとても裕福になった。もちろんみんながテレビジョンを少なくとも一台は所有するようになり、もっとたくさん所有する家庭も現れた。このようにして中流階級が増え、収入が増え、工場の生産性は向上し、製造業が繁栄していった。この時期になると、とにかく米国に行けば成功する、出自や身分に関係なく成功できるという、アメリカン・ドリームがいわれ始める。デトロイト、クリーブランド、アクロン、ゲーリー、ピッツバーグといった製造業の街（注1）には、巨大な工場が建てられ繁栄していく。デトロイトは、一九五〇年に経済力のピークに達し、全米で第三番目に豊かな都市となった。製造業が絶頂期にあったこの時期に、ゼネラル・モーターズの会長、チャールズ・ウイルソンは、「GMにとって良いことはこの国にとって良いことだ。逆もまた真である」と言った。大企業がその当時のアメリカの経済を引っ張っており、生産性は継続して向上し、今までよりずっと生産効率が良くなった。マネジメントのレベルも上がり、投資の大波が到来し、近代的な機械が導入された。その結果、家庭用電化製品の価格が下がり、手が届くようになった。こうして繁栄の時代が到来した。一九七八年の秋には、米国の製造業は頂点に達し、二〇〇〇万人の労働者が工場で働いていた。標準的な年収で、経済的にちょうど中間値にある家庭が中型車を買うのに、一九四六年の時点では年収の半分を必要としたが、三十年後の一九七五年には四分の一以下となった。

しかし、一九八五年以降、米国は製造業で毎年約三十七万二〇〇〇人もの人が仕事を失っている。これだけの仕事が消えてなくなり、製造業はもはや米国の経済を牽引するものではなくなった。カリフォルニア大学バークレー校の経済学教授モレッティは、「製造業で一人が仕事を失うと、そのたびに、付随的に一・六人の仕事がなくなっている」と言っている。一人の労働者が工場を去る、それは一人が仕事を失うことを意味するが、その影響で他の一・六人が仕事を失うことになる。それは、レストランの従業員かもしれないし、タクシーの運転手、あるいは法律家かもしれない。工場での仕事がなくなると、その周りで仕事のニーズが少なくなる。このような経過を辿り、標準的なアメリカ人の生活水準は、一九四六年から一九七八年の間で倍になったが、一九七八年以降は平坦で変化がないか、少し下降線を辿っている。

競争による変化

米国は最近まで、低賃金国からの輸入はそれほど多くなかった。つい最近の一九九一年でも、製品輸入は、生産量のわずか三%であった。それが、二〇〇〇年にはその輸入比率が倍になり、二〇〇七年にはさらに倍になった。これは品物の生産の多くが、裕福な国から労働力のずっと安い国へと移っていったことを表す。ビジネスマンに言わせると、「人々は中国製品が安いと言っているが、実はものすごく早いのである」という。仕事がどんどん移ってしまうのは、中国が高品質の品物を早いスピードで生産するからである。これこそグローバリゼーションで、世界経済を変革している。さらに最近の研究では、発展途上国との貿易の増加は、技術的な向上をますます早くしている。競争の最終的な結果がどうなるかは、企業が柔軟に変化に適応する意思があるかどうかによる。別の調査結果を見ても、中国との競争にさらされている企業は、自分たちの技術の向上改良の速度を上げている。ここに古典的な経済の原則を見ることができ、経済が変化し、競争が激しくなると、投資が活発になっている。国外での動きの影響が回り回って米国の生産性を押し上げている。ただし全ての業種が恩恵を受けているわけではなく、ハイテク企業ではうまく対応できているが、ローテク企業では、イノベーションが限られており、ＩＴの活用も限定的で、生産性のさらなる向上も限られていることから非常に困難な状況にある。

一方で、非常に特徴のある手作業の製品、あるいは画家、彫刻家や職人が作る製品などは伸びている。製造業が、特別なチョコレートを作る店や、絵を描く店などに置き換わっている。それぞれの国が、「比較優位（Comparative advantage）」（注２）の考え方に沿って、効率的に製造でき生産性の高い製品に特化することが求められている。何をするのが最良かを考え、生産するものを限定し、自国で生産するのが良いものを輸出し、自国で生産するのでは競争力がないものを輸入している。このように、グローバリゼーションへの流れがうまく作用し、このやり方が良いと認められようになった。さまざまな国との貿易の全容が最近四十年で様変りした。

商品のグローバリゼーションは裕福な人よりも貧しい人たちを助けることになっている。市場に出回っている商品を対象に、一回の買い物で食料品カートの中に消費者が何を入れるか、収入の低い人高い人が何を入れるかの調査が行われた。その結果、収入の低い人が購入する商品の価格は、収入の高い人に比べ、ずっと低くなる傾向を経済学者は見出した。収入の低い人たちは、自分たちが買えるものを選び、玩具や電化製品などは、中国製をより多く購入する傾向にある。収入の高い人たちは、外国との競争にあまり影響を受けないサービスを購入する傾向にある。

もう一度比較優位の原則に立ち戻ってみると、他国と異なる産業構造を持っている国が、他国との貿易で最も利潤を得、仕事を失うことも少ない。中国、ブラジル、インドのような国は米国とは異なる経済を持っていて、貿易によって潜在的に大きな利潤を得ているが、一方では、それによって米国のイノベーションを伴う領域の仕事が増えている。貿易は、一方の当事者だけが勝者となる、「ゼロサム・ゲーム」ではない。実際、貿易相手国の生産性が高く、効率が良ければ、良い製品をより安価に買える。このように、グローバリゼーションは世界の経済に変化をもたらしている。

グローバリゼーションと労働市場

グローバリゼーションのパラドックスとは、仕事を失うことで困難な目にあっている、その人たちが、消費者の立場ではグローバリゼーションの恩恵を得ていることである。低所得者の多い地域では仕事が失われたが、物の値段は下がった。一九七〇年以降、米国の製造業は生産量を倍増し、成長し続けている。これだけ生産量が伸びているのに、製造業の仕事がなくなっているのはなぜなのか。その答えは、製造業がより効率的になり、人手を減らしても効率的に製品を製造できるようになったからである。今日、労働者一人当たり毎年十八万ドルの商品価値を生み出しており、これは一九七六年に一人当たりが生み出した価値の三倍になっており、四十年前よりも格段に生産性が上がっている。

もう一つのパラドックスそれは、経済成長により生産性が向上し、消費者価格が低下し、給料は上がったが、同時に雇用が奪われたことである。失業のほうが注目されがちだが、労働生産性が上がったことで、人々が裕福になり、今までより高い生活水準を満喫している。アップルの例で見てみる。アップル・コンピュータの最初の生産は、カリフォルニア州だったが、一九九二年には、カリフォルニア州やコロラド州の中でも労働力の安い場所に移る。その後、アイルランドやシンガポールに。その後も多くの国へと移った。このような海外移転が一般的になったことで、多くのブルーカラーの仕事は減ったが、一方でエンジニアの数は二倍になっている。学歴の高くない人たちの仕事は減っていったが、学歴の高い人たちの職は増えている。全体として、米国の労働市場では、高度な技術を持った高給の人たちの職と、スキルを持っていない、給料も低い人たちの職、この両方が増えている。そして、仕事を失っていったのは中間層であった。MITの経済学者デビット・オーター（David Autor）（注3）らによると、コンピュータやロボットは定型的な仕事をすると、とても効率的で、変化のない作業、いつも同じように、例えば複数の部品を組み立てる定型的な作業は非常に効率良くこなすが、複雑な問題解決が必要な、定型的でない作業の効率は低い。だから、人間がする仕事は残るという希望はあると言っている。

中間層の雇用が喪失して穴があくことは、一時的な現象ではないし、米国に限らず、工業化が進んでいる国に共通である。デビット・オーターは、欧州十六カ国での一九九三年以降の雇用の変化を調べた結果、大きく三つに分ける分類で調べると、米国と同じようなパターンが見え、やはり中間層の雇用が失われ、給料の低い職は増え、高所得者の職も増えていることを見出した。

知識ベース経済の台頭

ここで、米国の映画会社であるピクサー社を例に挙げて述べる。ピクサーはトイ・ストーリーで大変な成功を収め、同じような他の映画でも大きな成功を収めた。最初は、スター・

ウォーズを制作したジョージ・ルーカスによって創設され、その後アップルに、そしてディズニーに買収された。設立当初は純粋にテクノロジーの会社で、病院や医学研究所での、高度な画像処理のグラフィック表示ができるように設計されたコンピュータ・ハードウェアを作っていた。しかし、そのマシンは一台十三万五〇〇〇ドルの価格で、高額すぎて売れなかった。一九八四年に、ジョン・ラセター（注4）がこのマシンを使って、「アンドレとウォーリーB.の冒険」という短編のアニメーションを制作し、コンピュータによって短編アニメーションの制作が可能であることを証明した。この短編アニメーションは商業的に大成功を収め、センセーションを起こした。そこで、ピクサーはコンピュータの製造をやめ、アニメーションの分野へ進出。アニメーションの芸術に革新をもたらし、米国で高い成功を続けている。

このようにして、米国の経済が変化を起こし、知識ベース経済とも呼べるようなものになった。その経済は、高い教育水準の人たちの仕事であることに特徴づけられ、創造性を必要とし、今までとは考え方が変わったといえる。中間層の領域の仕事が縮小したが、イノベーションの領域は劇的に成長し、今も成長し続けている。一九五〇年代は製造業が米国の経済を牽引していたが、現在ではイノベーションが経済を牽引し始めている。

一九九一年以降、世界中の研究開発への投資が増え、一九八〇年代、一九九〇年代には世界中での特許の数が毎年四十万件にもなった。二〇一〇年には特許の数は倍の八十万件になり、知識ベースの仕事、知識ベース経済への傾向は、米国だけでなく世界中に広がった。実際に、多数の特許が日本からも生み出され、ここ最近の日本は特許申請の記録的なレベルとなっている。特許の最大の申請者は、ＩＢＭ、マイクロソフト、インテル、ヒューレット・パッカードなどだが、日本の多くの大企業も特許申請で健闘している。特許の最も多い分野は製薬、次いでＩＴ、化学および物質科学、科学計測器、そして通信と続いている。このリストを見て分かるのは、これらの業種は非常に高い教育レベルと、今までしてきたことと違ったことができる、高い創造性を必要とする。

イノベーションの仕事

イノベーション分野の仕事を定義することは、非常に多くの形態をとることから、困難である。ハイテク分野のＩＴ、生命科学、クリーン・テクノロジー（注5）、ロボット、ナノ・テクノロジーなどは明らかに含まれるが、エンジニアや科学の分野以外にもイノベーション分野の素晴らしい仕事がある。ピクサーがその良い例で、芸術家と技術者を結び付けて新しい映画を制作した。これは今まで起こったことのないような、境界を超えた協働作業である。

ところが、イノベーション関連の仕事の増加は、製造業での仕事の減少を埋め合わせるには不十分との批判もある。インテルの元CEO、アンディ・グローブは、「スタートアップ企業が米国の雇用を生み出す力になるというのは、間違った信念だ」との有名な批判をした。一方でバークレーの経済学教授モレッティの見積もりでは、インターネット関連の仕事の量は、六三四%の伸びを示しており、労働市場全体の伸びに対し二〇〇倍の伸びになっている。イノベーション分野の仕事の増加は、経済のパラダイムを本当に変えてしまうかもしれない。世界中で成功しているフェイスブックが、他の大企業に比べて従業員がごく少数だという、懐疑論者の言はある意味合っている。現実に、フェイスブックの所在地メンローパークでの従業員はたった一五〇〇人である。しかし、トロント大学のミシェル・アクソポレス教授が作った、第二次世界大戦後の工学分野での仕事のリストによると、ITの進歩が、この五十年間の雇用、生産性や投資の伸びの最も重要な原因の一つとなっている。米国のソフトウェアの仕事は最近二十年間で五六二%の伸びを示しており、生命科学の分野は三〇〇%の伸びである。

労働市場を監督する米国労働統計局は、バイオメディカル・エンジニアリングが、今後十年間で成長する職業のトップにあると言っている。イノベーション分野はとても広範囲で、技術関連だけでなく、工業デザイン、マーケティングや財務までも含まれている。これらの仕事は均質なものではなく、多様であり、前回話したように、それぞれが特長ある専門分野を持ち寄り、それまで持っていた専門性の境界を超えて協同で仕事をしている。米国の全ての労働市場の中でイノベーション分野はおよそ十％である。まだまだこの分野の仕事は増え続けているが、雇用全体の最大分野にはならないであろう。近代社会において、最大の雇用分野は地方のサービス分野であり、レストランの従業員やドライクリーニング店といったタイプの仕事である。この分野は、地域の住民へのサービスだけを仕事とし、国内の広範囲の競争相手とか国際的な競争相手とは無縁であり、経済用語では貿易の対象にならない分野（non-traded sector）と呼ばれる。なぜなら、他の国に行ってビジネスを始めることはできない。一方、イノベーション分野の仕事の大半は貿易の対象となる分野に属している。

ロンドン大学のカレッジの一つである、ロンドン・スクール・オブ・エコノミクス（ＬＳＥ）の教授であったジョン・バン・リーネン（注6）が、英国のイノベーション企業六〇〇社を分析し、技術的にも商業的にも重要であるイノベーションに的を絞って調査すると、イノベーションによる製品の投入の結果、平均的な給与が三カ月で実質的に上昇していることを見出した。彼の見積もりでは、付加された経済価値の二十ないし三十％は上昇した給与になっている。

イノベーションが及ぼす影響力

ここで、イノベーションというものが、どれだけのことをなしうるかを見てみよう。私が住んでいるアルバカーキという街が、残念ながら、この物語のネガティブ例になっている。一九七五年、マイクロソフトは、ニューメキシコ州のアルバカーキで始まった。皆さんはマイクロソフトというと、シアトルでの創業と思うでしょうが、実際はアルバカーキで始まった。創業の年、製品は一つだけ、顧客も一社だけ、従業員は三人だけであった。その顧客とはアルバカーキにあるハードウェア企業ＭＩＴＳ社（注7）で、“Altair 8800”というコンピュータのキットを製造していた。マイクロソフトは、そのホーム・コンピュータ上で作動する基本ソフトウェアを製品としていて、この仕事でニューメキシコ州で成長する。一九七五年の年末には、この会社の二人の創業者のうちの一人であるビル・ゲイツが、自社が成長し始めていることから、ハーバード大学を一時休学し、もう一人の創業者ポール・アレンとアルバカーキに住むことを決意した。三年後の一九七八年には、売り上げは一〇〇万ドルになり、従業員は十三人以上になる。残念なことに、この時点で、創業者たちは自分たちが育ったシアトルに戻りたいと思うようになり、一九七九年の一月一日にアルバカーキを離れ、会社をシアトルに移す。

　彼らがシアトルに戻りたいと思ったその当時、シアトルは財政的に深い沼に沈んだような状態で、失業率は高く、製造業分野で職が失われていた。もともとシアトルの経済は、林業と大規模な製造業に依存していた。ボーイングは米国最大の輸出企業でシアトルにあったが、そのボーイングおよび傘下の下請け企業は不況にあえいでいた。ボーイングとワシントン大学を例外として、一般的に住民の教育レベルは高くなく、人口当たりの強盗発生がアルバカーキより五十%も多かった。スターバックスもまだ三店舗の小さな会社であった。マイクロソフトがシアトルに移っていった少し前の時期、シアトルは荒れた状態にあり、米国の代表的な経済雑誌エコノミストは、シアトルは「絶望的な街」と書いていた。シアトルに関する記事

写真3-1　シアトル市中心部
（出典：Pixabay by Korneel Luth）

を扱った誌面では、みんながこの街を出て行こうとしているから、中古車、中古のテレビジョンや住宅を買うにはこの街は我が国で最も良い場所だと書かれていた。「シアトルを去っていく最後の人は電気を消してください」という有名な挑発的街頭広告まで現れて、記録的に人が逃げ出していた時期であった。

マイクロソフトがシアトルに来たことを、そのときは、誰も大したこととは思っていなかった。一方、アルバカーキは気候に恵まれ、サンディア国立研究所、空軍研究所、ニューメキシコ大学などがあり、ハイテク産業のクラスターが育っていくように思えた。マイクロソフトが一九七九年に移った当時、いろいろな経済指標を見ても、アルバカーキとシアトルは概ね同じような状況であった。シアトルのほうが人口比で五％だけ大学卒者が多かったこと、ボーイングと多くの病院の存在で、シアトルのほうが少し給与が高かったが、その違いはわずかで、主要都市としてのトレンドは同じようなものだった。ところが、マイクロソフトが移っていって十一年後の一九九〇年には大学卒の労働者数の人口比は十四％の差に広がっていた。その差は、二〇〇〇年には三十五％に、今では四十五％に広がった。この差は大変大きく、米国の大学卒者の比率とギリシャの大学卒者の比率との差と同じである。一九八〇年当時、シアトルの大学卒者の給与はアルバカーキの大学卒者に比べ、四二〇〇ドル多かったが、今ではその差は、一万四〇〇〇ドルにもなっている。

マイクロソフトが去った後、アルバカーキの経済はシアトルのような劇的な変化を得ることができず、比較的平坦な変化のない状態で、マイクロソフトがシアトルにもたらしたような成長を享受できなかった。インテル、ハネウェルがアルバカーキに生産工場を建設し、バンク・オブ・アメリカやウェルズ・ファーゴといった金融機関が会社の情報部門を持ってきたが、アルバカーキは、イノベーション・クラスターとして成長する臨界点に達せず、多くのスタートアップ企業があるとはいえ、それはシアトルのような急拡大といえるものではなく、大きな違いが残った。

対照的に、シアトルはソフトウェア・エンジニア人口が、世界的にも最も密度が高い場所に成長し、北米のソフトウェアの労働者の二十五％がシアトルにいる。この二つの都市の違いを見れば、勝者は大きく、裕福になり、敗者は今までの水準を失うことはないものの、同じような状態にとどまることになる。この劇的な差は、イノベーションと知識ベースの仕事がその地域に来て、爆発的に臨界点になったときに生じている。一九七九年に十三人で移っていったマイクロソフトが、今日ではシアトルで四万人の従業員を雇っており、そのうち二万八〇〇〇人は研究開発に携わるエンジニアである。マイクロソフトが経済に与えた影響は従業員の数以上に大きく、他の技術系の会社を呼び寄せていて、シアトルの技術分野での錨になっている。

ビジネスの集中

アルバカーキで生まれたジェフ・ベゾスはニューヨークのウォール・ストリートで副社長をしていたが、一九九四年に退職してシアトルに移り、アマゾンを始める。シアトルはハイテク産業を引きつける磁石のようになり、アマゾンやマイクロソフトを呼び寄せ、エンジニアやプログラマーが多数集まり、次には、ベンチャー・キャピタルがハイテク産業を支援するようになった。投資家の一人、ニック・ハノーアーがアマゾンに最初に出資し、その四万ドルの出資が、まだ設立されたばかりでシードの段階にあったアマゾンを助けた。マイクロソフトが直接アマゾンを支援したわけではないが、マイクロソフトの存在がクラスターの引き金となり、次の講義で紹介するが、アマゾンも含め集中した〝レインフォレストのような〟クラスターとなった。成功が次の成功を呼び込み、どんどん大きくなっていった。

マイクロソフトの成長を見てきたが、このようなハイテク会社は、ある大きさを超えると、ストックオプションを使うことで億万長者を生み出す。そして、新たに富豪になった人たちはマイクロソフトを離れ、自分たちの新しい会社を始める。このようにして、連続したハイテクのクラスターをその地に生み出していく。一つの推定として、マイクロソフトを辞めた人たちから、四〇〇〇のスピンオフ・ビジネスがピュージェット湾地域（図3-1）で生まれたといわれている。以前紹介した、カリフォルニア大学バークレー校の経済学教授モレッティの推定によれば、マイクロソフトは、タクシー運転手、大工、教師、看護師など、人々の生活の役に立つあらゆる仕事を合わせて、サービス業の労働者一万二〇〇〇人分の仕事を生み出している。このようにして、イノベーションは莫大な社会的メリットを生み出し、集中した地域に新しい仕事を創出するのである。

図3-1　シアトル近傍の企業

イノベーション地域の分布

イノベーションはライフサイクルを持っていて、初期の形成期では、集中する傾向があり、集中してクラスターとなったことによる力を活用する。イノベーション地域を地図に表す一つの方法は特許登録を見ることで、発明者がどこにいるかを見るのである。米国内で特許の登録件数の最も多い地域は、カリフォルニア、ニューヨーク、テキサス、ワシントンの各州で、カリフォルニア、ニューヨーク、テキサスは人口の大きな州であるから当然であり、ワシントンには、マイクロソフト、アマゾンそしてそれらのスピンオフ企業が多数ある。これらの四つの州で米国の特許の半分を占めているというから驚きである。特許登録を見ていくと、知的なイノベーション・クラスターの場所や、国立の大きな研究所がある場所がよく分かる。

もし全てのエンジニアが一カ所に集まったら、その結果として給与はどうなるのだろうか。集中している地域では高くなることが予測される。サンフランシスコとサンノゼ地域はコンピュータ科学者が米国内で最も給料が高い地域で、平均して十三万ドルの給与を受け取っている。ボストンやワシントンでは、同じ仕事でも二十五％少ない。

今から四十年前、米国で最も裕福な地域は製造業の中心地であった、デトロイト、クリーブランドやGM発祥の地ミシガン州フリントであった。今日では、人的資源をベースに考えれば、個人の給与や地域の給与水準を正確に予測することができる。例えばシアトルでウェイターをしていると、ポートランドやサクラメントで同じ仕事をしている人よりたくさんお金を稼げる。同じ船に乗っていれば、みんなで上昇できる。イノベーション・クラスターのハイテク企業の一員であったり、その地域に住んでいることで、高い給与を得ることができる。このように、人的資源を見ることで、高給取りのいる場所や裕福なコミュニティを予測できる。デューク大学近傍のローリー・ダーラム地区やテキサス大学のあるオースチンは、ハイテク企業を呼び寄せていることから、そこでの平均的収入は、デトロイトやクリーブランド、フリントなど、一九五〇年代には頂点だったが今では工業の衰退を迎えている地域より、かなり高くなっている。

バークレー校の経済学教授モレッティは、全米三〇六の大都市圏に住む二十五歳から六十歳までの一五〇〇万人の労働者を調査し、大学卒の労働者の比率で米国の大都市圏の順位を付け（表3-1、表3-2）、その結果、最も比率の高かった地域を〝頭脳ハブ（brain hubs）〟と名付けた。これらの地域での住民の状況を調べてみると、十分な教育を受けていて、創造的であり、イノベーションを起こす仕事をしていることが分かった。このリストの上位都市は、ワシントンDC、ボストン、サンノゼ、ローリー、サンフランシスコ、シアトルと

表3－1　大学卒者比率のトップグループ

都市	ランク	大学卒者比率	大学卒者の給与	高校卒者の給与
Stamford, CT	1	56%	$133,479	$107,301
Washington, DC/MD/VA	2	49%	$ 80,872	$ 67,140
Boston, MA/NH	3	47%	$ 75,173	$ 62,423
Madison, WI	4	47%	$ 61,888	$ 52,542
San Jose, CA	5	47%	$ 87,033	$ 68,009
Ann Arbor, MI	6	46%	$ 65,452	$ 55,456
Raleigh-Durham, NC	7	44%	$ 63,745	$ 50,853
San Francisco-Oakland, CA	8	44%	$ 77,381	$ 60,546
Fort Collins-Loveland, CO	9	44%	$ 57,391	$ 47,007
Seattle-Everett, WA	10	42%	$ 68,025	$ 55,001
Trenton, NJ	11	42%	$ 81,914	$ 64,299
Lexington-Fayette, KY	12	41%	$ 55,238	$ 44,915

（出典：参考文献3－1）

表3－2　大学卒者比率の最下位グループ

都市	ランク	大学卒者比率	大学卒者の給与	高校卒者の給与
Brownsville-Harlingen-San Benito, TX	295	15%	$43,800	$22,450
McAllen-Edinburg-Pharr-Mission, TX	296	15%	$44,605	$22,845
Anniston, AL	297	15%	$48,928	$33,031
Yakima, WA	298	15%	$50,160	$29,084
Bakersfield, CA	299	14%	$65,775	$34,807
Danville, VA	300	14%	$42,665	$28,868
Houma-Thibidaux, LA	301	14%	$56,044	$37,395
Vineland-Milville-Bridgetown, NJ	302	13%	$57,668	$35,375
Flint, MI	303	12%	$43,866	$28,797
Visalia-Tulare-Porterville, CA	304	12%	$55,848	$29,335
Yuma, AZ	305	11%	$52,800	$28,049
Merced, CA	306	11%	$62,411	$29,451

（出典：参考文献3－1）

いったイノベーション・ハブのある都市が占める。そして、この頭脳ハブの地域は、前に述べた特許申請の多い地区、したがってスタートアップ企業の多い地区と重なる。

イノベーション・ハブの地域では住民のおよそ半分が大学卒者で、これは米国の他の地域よりはるかに高い比率である。ハイテク産業を有していない、フリントやアリゾナ州のユマでは十人に一人、すなわち十％強の住民しか学位を持っていない。ニューヨーク郊外の、コネティカット州のスタンフォードが大学卒者の比率が最も高い都市で、リストの最下位にある、カリフォルニア砂漠の近くにあるカリフォルニア州マーセドと比べると、その比率は五倍にもなる。このような大きな差異は、欧州諸国での都市間の差異よりもずっと大きく、米国特有ともいえる。

さらにこれらの調査の結果、このリストのトップ・グループの地域での高校卒者は、下位グループの地域の大学卒者より給料が高いことが分かった。例えば、高校を卒業して、機械工、ウェイターなどの学位を必要としない職業についたとき、それがハイテク地域であれば、他の地域の大学卒者よりも高給を稼げる。この劇的な差異により、ボストンの高校卒者はミシガン州フリントの大学卒者よりも四十二％も高給なのである。このように、米国内での給与の差は社会的にどの階級に属するかより、住んでいる地域に関係している。つまり、あまり理解されていないが、どこに住んでいるかという地理がとても大きな意味を持っており、

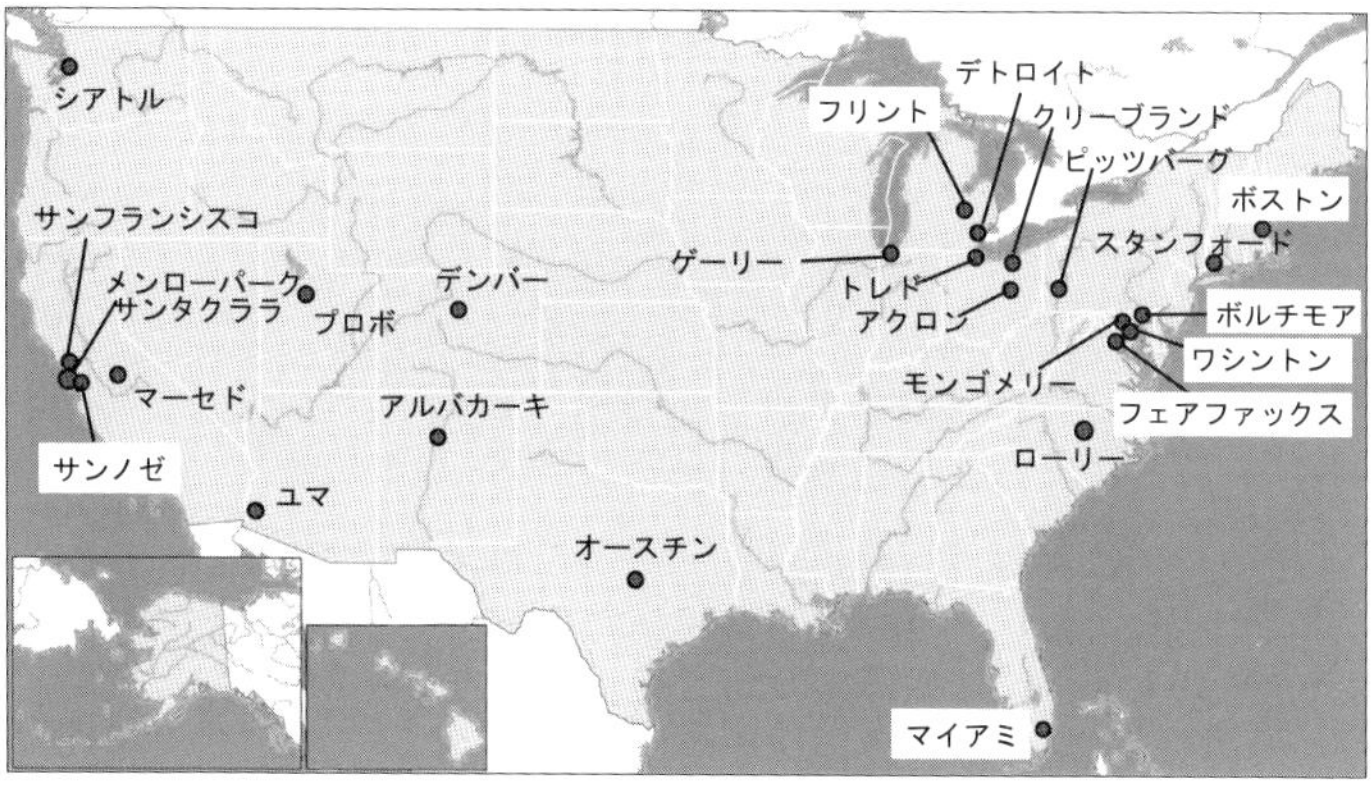

図3－2　本講に出てくる都市の位置

ハイテク・クラスター、頭脳ハブの成長が大きな意味を持っている。頭脳ハブの存在が、技術の有無にかかわらず、労働者が高給を取れるかどうかに大きな影響力を持っている。そして、労働者の教育レベルが仕事や給与に影響するばかりでなく、地域全体への影響力を持っている。

コネチカット州スタンフォードとカリフォルニア州マーセドとの高校卒者の給与の差は、発展途上国、例えばスリランカでの大学卒者とそうでない人との差異の三倍よりも大きく、ボリビアでの三倍、ガーナでの四倍よりも大きい。このように地域による差が収入に大きな差をもたらしている。頭脳ハブの地域での大学卒者の給与は七万ドルから八万ドルで、表の最下位グループでの大学卒者に比して、およそ五十％も高い。

カリフォルニア州サンノゼと同州のマーセドとは、一〇〇マイル（一六〇キロ）しか離れていない（図3

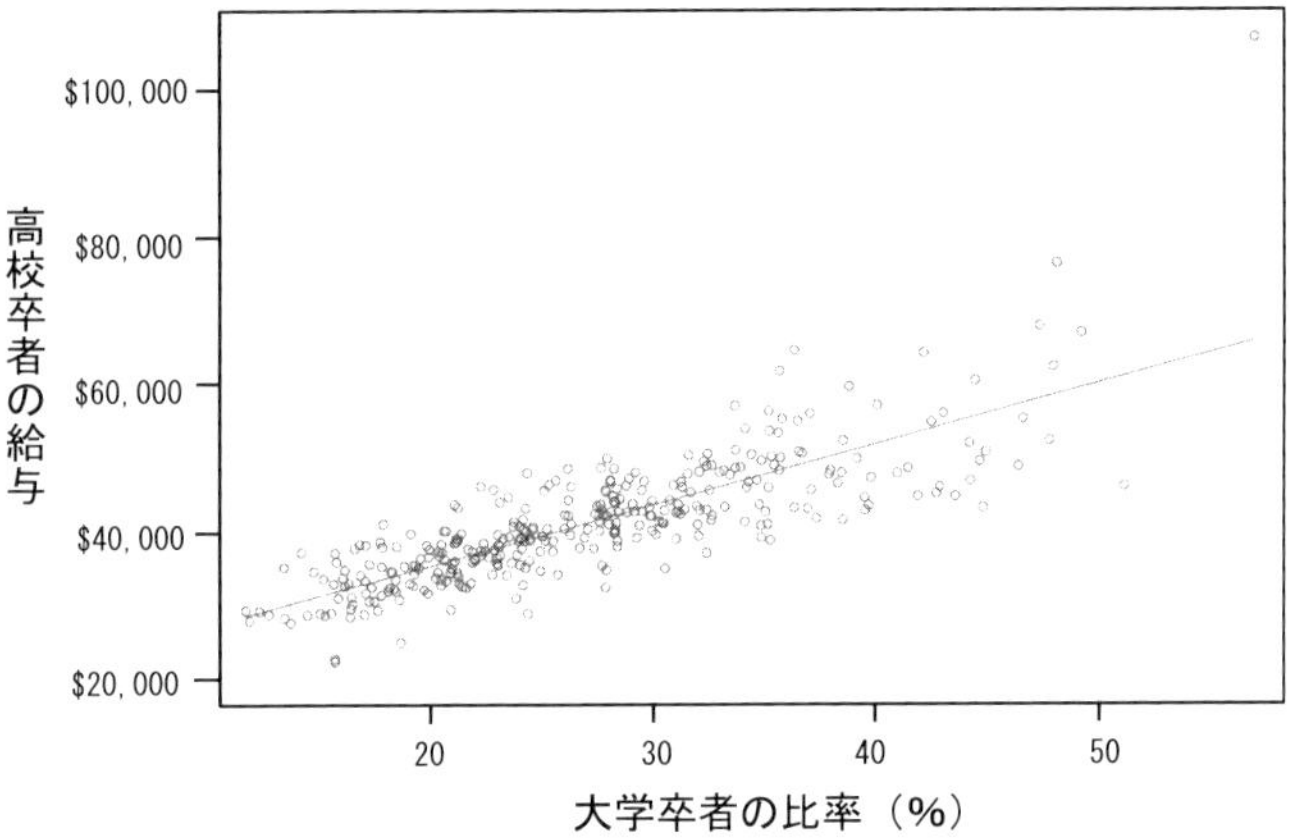

図３－３　都市別の大学卒者の比率と高校卒者の給与
（出典：参考文献３－１）

－２）が、サンノゼは人口当たりの大学卒者の数でマーセドの四倍になっている。サンノゼの給与をマーセドと比較して見てみると、大学卒者で四十%高く、高校卒の労働者では一三〇%高くなっている。表３－１と表３－２の順位で、三番目のボストンと、下から四番目のフリントを比較してみると、ボストンは大学卒者の比率が四倍になっている。フリントは米国内で人的資本の集中度が最も低い地域だが、今でも従来からの製造業に的を絞っている。そしてボストンの大学卒者はフリントの大学卒者に比べ、七十%も高い給与を得ている。

大学卒者の比率と、高校卒者の給与とを全米の都市についてプロットしたものを図３－３に示す。このように、大学卒者が多いほど、高校卒者の給与が高くなっている。大学卒者の比率が十%上昇すれば、高校卒者の給与が七％上がる、という関係になっている。大学卒者の比率が三十％のマイアミから、大学卒者の比率が四十％のデンバーへと高校卒の労働者が移動すると、同じ仕事をしていてもおよそ八〇〇〇ドルも年収が増える。大学卒者の数が増加していることを目の当たりにしている地域に住んでいる労働者は、大学卒者の数が伸び悩んだり減少している地域に住んでいる労働者に比べ、給与が早い速度で上昇するのを経験できる。同じ労働者でも、周りにどれだけ多くのスキルの高い労働者がいるかによって、まったく違う給与を得ることになる。

平均寿命

平均寿命は、住民の健康度を測る最も良い指標の一つである。日本は世界中で平均寿命の長い国の一つで、米国は日本に比べて五年から六年、平均寿命が短い。平均寿命が遺伝的要素だけでなく、経済的な環境条件に左右されることから、イノベーション・クラスターを推進する要因は健康にも影響を与えることが分かってきた。米国内では、西海岸と東海岸、それにミネソタやノースダコタの周りの北部平原地帯が平均寿命が長く、フロリダやジョージアなどの南部と中南部と呼ばれるアパラチア山脈地帯が最も平均寿命が短い。

どんな国でも至る所で平均寿命が均一ということはないが、米国内の差異は大きい。ワシントンDCからほんの少し離れた場所で郊外といってもよい、バージニア州フェアファックス、カリフォルニア州のマーリン、シリコンバレーにあるサンタ・クララ、ワシントンDCの北にある、北のフェアファックスともいえるメリーランド州のモンゴメリー、これらの地域では男性の平均寿命は八十一歳である。対照的に、平均寿命の最も短い地域での、男性の平均寿命は六十六歳である。このように平均寿命に大差がついている。もう少し具体例で言うと、フェアファックスに住んでいる典型的な男性は、ボルチモアに住んでいる男性より十五年も長生きである。この両都市はたった五十七マイルしか離れていないのにこのような差がある。平均寿命の順位で下位十%の地域は、パラグアイやイランとちょうど同じような平均寿命なので、別の国のようにも思われる。対照的に米国内の最も平均寿命の長い地域では、世界中で平均寿命のリーダーともいえる日本やオーストラリアのちょっと下くらいである。

その上さらに驚くべきことに、平均寿命の差異は今でも変化し、劇的な差異はさらに大きくなりつつある。頭脳ハブを持たず、大学卒者が少ない地域の人々の平均寿命は下がりつつあり、反対のグループでは上昇ないし変化しない状況である。図3-4は、全米各地の、一九八七年以降の男性の平均寿命の増加を示すもので、破線は平均寿命の高い地域での変化で、

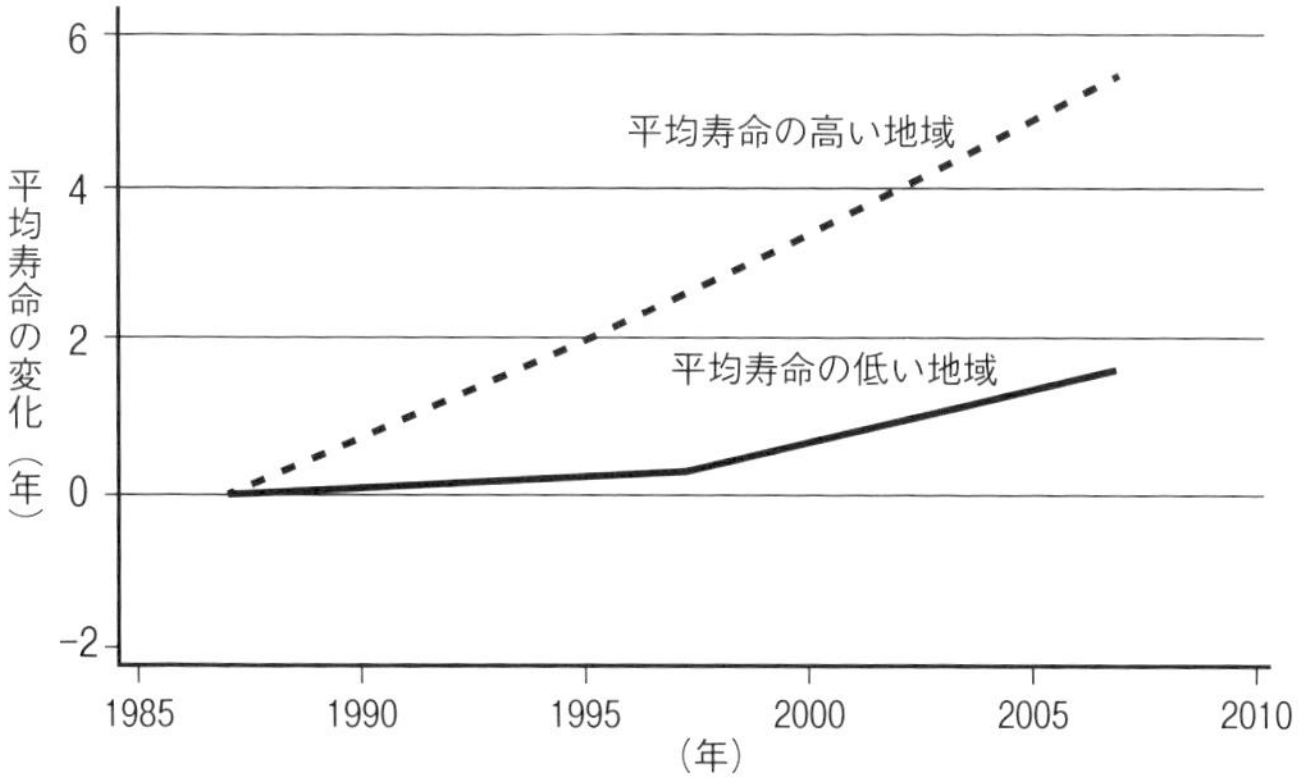

図３－４　1987年以降の米国内男性の平均寿命の伸び
（出典：参考文献３－１）

実線は低い地域での変化を示す。一九八七年と二〇〇七年の二十年の間に、トップのグループでは平均寿命が五・八年伸びているが、下位のグループでは一・八年しか伸びていない。この差異はどこから来るのか。米国で六十五歳以上の人は、健康保険が付いている医療制度が付与されているので、上位と下位のグループともに同じレベルの健康診断を受けられる適格者である。そのことから平均寿命の長短のグループ間を弁別しているのは、健康診断ではなく、社会経済的要素が加速要因としてあるのだと思われる。収入と教育が長寿を予測する重要な物差しとなり、生活スタイルでのダイエット、運動、喫煙習慣などが、教育水準や収入の影響を受けていると考えられる。

社会的乗数効果

経済学者の説によると、周りの人の振る舞いに合わせる傾向、「社会的乗数効果」（social multiplier effect）というものがある。人は基本的に隣人と同じような行動をするので、近隣の中を見渡すと均一性が見えてくる。人が喫煙したり、運動したりする確率は、個人の気質に影響されるとともに、周りにいる人たちの行動に影響される。だから、周りの人みんなが朝起きてジョギングしているコミュニティに住んでいれば、あなたもジョギングする可能性が高くなるし、誰もジョギングしていなければ、積極的にしようとはしない。空軍士官学校で教鞭をとっていたこともある、カリフォルニア大学の経済学者スコット・キャレルによると、空軍士官学校の学生で、体力の低いメンバーの多い分隊に入った学生は、体重が増える傾向にあり、有酸素能力が低くなり、時間がたつにつれて、自らの体力が低下していく傾向がはっきり見て取れたと述べている。あなたが素晴らしい体型であったとしても、体力の低い分隊に加わると、時間がたつにつれ分隊の他の人たちの習慣をまねるようになる。ウィスコンシン大学メディソン校のジェイソン・フレッチャー教授によると、ソーシャル・ネットワークの仲間の中で喫煙者が十%増えると、今まで喫煙していなかった人も喫煙する可能性が三％増えるという。これも、隣人の振る舞いに影響される、社会的乗数効果である。社会的乗数効果が問題となるのは、収入も教育水準も同じ人たちの間にも差異を生じることである。人々の健康に、そしてどれだけ長生きできるかに影響する、社会経済的分断を意味する。そして、このことは教育や収入による直接の効果を超える。このようにして、どこに住んでいるかが、長生きできるかに影響する。

米国住宅都市開発省（ＨＵＤ）が行った住宅転居による機会創出プログラム（Moving to Opportunity program）は、多くの家族が、同じ地域で公的住宅から私有住宅に移動することを支援するもので、公的住宅に住む、収入の低い人々向けであった。一七八八世帯の家族がこのプログラムの支援を受けて転居した。十年後の調査で、転居した家族は、公的住宅にとどまっていた家族に比べ、大幅に体型が良くなっていた。ここでも社会的乗数効果が正しく働き、転居した家族は健康状態が良くなり、転居しなかった家族に比べて食事内容も良くなり、肥満や糖尿病、うつ病などに悩まされることも減っていった。どこに転居するかどこに住むかが生活に大きな影響を与える。

経済状態による影響

離婚に影響する要素はたくさんあるが、経済的ストレスが重要な原因として知られている。ミシガン州フリントが、全米で最も離婚率が高い。この講義の中で、フリントについては、人口が減少し、製造業が衰退し、大学卒者の数も減少したことを話した。二〇〇九年にはフリントの夫婦の二十八％が離婚したと報告されている。フリントは、自動車産業の斜陽地帯として「錆のベルト」（Rust Belt）と呼ばれる一帯の中の都市である。オハイオ州トレドはフリントのすぐ近くの、錆のベルトのもう一つの都市で、やはり高い離婚率を示している。フリントでは人口当たりの離婚率が、ユタ州のプロボに比べると三倍になっている。プロボはブリガムヤング大学で有名な街で、高学歴の都市である。このように離婚率の高水準の都市と低水準の都市とでは大きな差がある。

このように、地理的な隔たりによる地域格差が起きていて、周りに住んでいる人たちの経済的要素や他の要素によって影響を受けている。ジャーナリストのビル・ビショップは過去三回の大統領選挙でのデータから、米国内で政治的に均質な地域が増えていることを示した。同じ地域に住んでいる人たちが同じ候補者に投票するようになったと言っている。経済学者は、政治的に均質な地域を見出すのは容易になっていると言っている。選挙で投票する人たちは、収入や教育水準が同じような環境にあると、要望する内容も同じようになり、地域の課題でみんなが合意するという結果である。

米国の経済は大変な成功を成し遂げたが、重大な欠陥も有している。米国経済は近視眼的になってきていて、短期的な利益を追求している。株式市場で、企業は四半期の利益を報告しなければならず、三カ月のスパンで結果を見るようになり、計画の幅も、長期の戦略を考えるのではなく四半期単位となっている。短期的な事項が長期的事項より優先され、悪い結果を生み出しているかもしれない。もしも複合的な成長（compound growth）を考えるようになれば、たとえ僅かな変化であっても、長期的には大きな影響力を持つことになる。意図した成長が、たとえ僅かであっても、長期的には大きな意味がある。

米国の将来を考えるのであれば、今まで述べてきたように、人材が中心となる時代に、何を考え、どのように行動し、どうやって生き残るかを、今討議しなければならない。これは非常に難しい課題で、ややもすると短期的な計画の枠の狭さに陥りやすく、ほとんどの国でもやはり短期的であるが、米国が特にひどい。だから、もっと多くの人が大学を卒業できるようにするなど、米国は人材にもっと投資する方策を見つけなければならない。最近の米国は、給料の伸びが低い状態で、これは私たちが必要とする知識ベース経済への投資をしてこなかったからである。公的であれ、民間であれ、投資が不十分で、知識ベース経済が市場を推進する力についての理解が不十分なのである。新しい知識ベースのクリエーターたちは、彼らの努力に対して、十分報いられていない。もし、あなたが大きな発見をしたと仮定しても、十分に報いられる機会は極めて低い。これは米国に限った問題ではなく、イノベーションによる経済の成長の種が育っている、世界中の全ての国での問題なのである。

一つの解決方法は、大学が地域とより良いパートナーとなって、これらの課題に取り組むことである。最終回の講義で少し触れるが、大学と都市が一緒になれば、知識ベースの経済を創り出し、さらにイノベーションを生み出すことができる。米国の国立科学財団や国立衛生研究所などを通して、頭脳ハブが主要大学の周辺にもっと作られることに期待したい。

注

（注1）デトロイト、クリーブランド、アクロン、ゲーリーなど、USスチール、GMといった鉄鋼、自動車、タイヤなどの大企業の企業城下町として発展した都市。

（注2）全ての仕事で優秀であったり効率が上だったりというような「絶対優位」を持っていなくとも、他の人が得意とする仕事に専念できるように、その他の仕事を引き受けることで、全体としての効率が上がるという経済用語。誰でも（どんな国でも）「比較優位」を持っているので、それに専念すればよい。

（注3）MITの経済学教授。労働経済学を専門とする。

（注４）ピクサーの前身の会社で「アンドレとウォーリーB．の冒険」の制作に参加し、その後「トイ・ストーリー」の監督も務め、アカデミー特別業績賞も受賞している。
（注５）エネルギー・電力分野をはじめとして、ロジスティックスや食料分野など、世界規模の課題に解決策を提供しようとするビジネスモデルをいう。
（注６）二〇一六年にＬＳＥからＭＩＴへ移り、経営と経済学の教授としてイノベーションと経済についての研究をしている。
（注７）アルバカーキに設立された会社（ＭＩＴＳ社（Micro Instrumentation and Telemetry Systems））で、当初モデルロケット向けの追尾装置などを販売していたが、一九七五年一月にAltair8800というIntel8080を使ったパソコンを発売する。

第4講

イノベーション・エコシステム

――レインフォレスト・モデルの紹介――

前回の講義では、従来の製造業主体の経済と現在のイノベーション主導の知識ベース経済との間で、地域の発展に大きな差異が出ていることを具体例で話した。シアトルにはボーイングがあったものの、マイクロソフトが移ってきたことで大きな起爆剤となったことも話した。シリコンバレーやボストンなど有名大学を中心として発展してきた地域もある。イノベーション主導の産業が多く現れ、頭脳ハブの形成が起きると、経済を発展させるだけでなく、労働者の年収を増やすなど、労働市場までをも上向きにする。それでは、どのような環境あるいは起爆剤を用意すれば、頭脳ハブの形成やイノベーション主導の産業地域を生み出すことができるのか。多大な予算を使わなくとも、このような動きを加速するシステムとして、イノベーション・エコシステムという言葉が最近よく使われる。イノベーションのアイディアを持つ起業家が、起業しやすい環境だといえる。しかしながら、どのようにしたらイノベーションを起爆できるのかは、大変複雑な問題で、これといった決定的なことがあまりよく分かっていない。それでも、いくつかの地域は、イノベーション・エコシステムがうまく働いていているように見える。なぜ、いくつかの地域だけが発展していけるのか、しかも必ずしも行政の努力に連結しているわけではないようである。この問題を考えるには、従来の経済学の範疇にとどまらず、広範囲な学問からのアプローチが必要なのかもしれない。ピューリッツァー賞も受賞しているハーバード大学の生物学教授エドワード・O・ウィルソン（注1）が、「隣接する研究分野が最初に相互作用し始めるときにしばしば存在する敵対的関係」として〝反規律〟という概念を環境保護に応用し、広範な分野からの協力が必要としたように、イノベーション・エコシステムについても、経済学だけでなく多くの学問からの視点が必要と思われる。

イノベーションが主導する地域の観察

頭脳ハブを形成し、イノベーション・エコシステムを実現している地域として、まず皆さんが思い浮かべるのは、シリコンバレーだろう。スタンフォード大学出身のビル・ヒューレットとデイブ・パッカードが一九三八年にヒューレット・パッカードを起業したのがシリコンバレーの始まりだといわれている。その後、一九五七年に創業したフェアチャイルド・セミコンダクターで働いていた技術者が独立してインテルをはじめ多くの企業を設立し、イノベーションのメッカとなり始めると、ベンチャー・キャピタルも集まってきて、現在のシリコンバレーの姿になっていった。しかし、第二のシリコンバレーを生み出すのは、簡単ではない。

イノベーション・エコシステムで注目されている、サンディエゴ市を見てみよう。二十五年前のサンディエゴは、海軍の街であり、温暖な気候から定年後の高齢者が住む街、動物園などの観光に訪れる街であった。それが今や、多くのバイオビジネスのベンチャーやクワルコムをはじめとするＩＴ企業が集まり、イノベーションのホットスポットとして注目を浴びている。特にスタートアップと呼ばれる、起業初期のベンチャーが急速な成長を遂げるには最良の地域の一つといわれている。このような発展は、ビジネス活動への制限を極力減らし、自由な企業活動が可能な制度がとられてきたことが要因の一つといわれているが、その他にも不動産取引や知的財産保護、法人基準などの制度、さらには税率が低いことなど、全てが起業家にとって有利になっている。ベンチャー企業が増え始めると、ファイザー、ノバルティス、イーライリリーなど大手の製薬会社が創薬研究所を設立し、ますます、バイオメディカル分野でのイノベーションが進展している。カリフォルニア大学サンディエゴ校には、米国国立衛生研究所からの研究費が全米でも一、二を争う規模で投入され、優秀な科学者が生まれる土壌となっている。科学の分野だけでなく、工学、法律、財務、会計などの専門家も多く集まり、巨大なネットワークを形成して起業家を呼び寄せ、どんどん大きな経済効果を生むように働いていると思われる。

比較のために、サンディエゴと同じというよりも、もっと多くの有力大学を抱えるシカゴを見てみよう。シカゴには、九十人以上ものノーベル賞受賞者を輩出しているシカゴ大学をはじめとして、ノースウェスタン大学、イリノイ大学シカゴ校があり、多くの優秀な頭脳を輩出している。しかしながら、科学分野で多くの成果が出ているのにもかかわらず、先端製品などへの技術移転は必ずしも多くない。二〇〇八年創業の〝グルーポン〟(注2)のように活力のある企業が生まれたこともあったが、このような若い企業を生み出すシステムが働いていないのか、長続きしない。科学分野だけでなく、シカゴは全米でも法律家の多い街で、巨大なヘッジ・ファンドや先物取引などでも有名な街であり、ビジネスの起業に結び付く優秀な人材も多く輩出してきたはずなのだが、イノベーションとなる起業のスタートアップに結び付いていない。かつて、バクスター(注3)やモトローラ(注4)を生み出した地域であり、インフラや制度、専門家、資本、野心家がいることではサンディエゴと変わらないはずなのに、スタートアップの起業では困難に直面してきた。同じような才能を有する人たちがいるのに、サンディエゴとシカゴでこのようにイノベーションを主導するスタートアップの起業に差ができたのはどうしてか。それが今回の講義の主眼点の一つである。

グーグルやフェイスブックのような巨大化する企業を生み出すプロセスは簡単には理解できないが、きら星のように多くのベンチャーを生み出すことのほうが理解しやすいかもしれない。経済成長の専門家は、優秀な人材、多くの企業、部品などの供給業者や、いろいろなサービスを提供する企業などが同じ地域に集中していれば、関連するスタートアップ企業が生まれる、と長年言ってきた。しかしその考え方では、シカゴよりサンディエゴが注目されることは説明がつかない。どうも、いろいろな専門家の存在など、イノベーションに必要な要素が揃っていればいいものではないようであり、自由な市場があればイノベーションを簡単に誘発できるものでもないようである。米国内を考えただけでも、自由な市場に恵まれた地域は多くあり、ビジネス活動に必要な人材が多く集まっている地域も数多くあるが、イノベーションを主導するスタートアップの起業が生まれている地域はなぜか限られている。

イノベーション・エコシステムを育てるためのレシピ

産業革命によって、農業的なビジネスモデルが生まれた。そこでは、複雑なシステムをいかに正確に、精度良く、生産性を考えて制御することが求められた。正しく制御すれば、成果物としての生産が良くなるというのは、農業における生産性追求と同じである。しかし、人間が整然と耕している畑よりも、自然の中では、特に人の手が入っていないような場所で、いろいろな種類の雑草がものすごいスピードで育っている。このような姿こそが、スタートアップ企業が育っている姿に近いのかもしれない。ベンチャー・キャピタリストであるビクター・H・ワンとG・ホロウィットは、スタートアップ企業が育ち、イノベーション・エコシステムが地域に根づく要因を考えるモデルとして、〝レインフォレスト（熱帯雨林モデル）〟という、大変興味深い考えを発表している（参考文献４-１）。従来の製造業では、可能な限りプロセスを制御することで生産性を上げてきたが、イノベーションを起こすには、特定のプロセスを制御するのではなく、自然が成長著しい雑草を生み出している、そのような環境に注目すべきだというのである。この後、その考え方の概要に従い、イノベーションを起こすプロセスでのキーポイントの話をする。もっと詳しく知りたい人は是非参考文献４-１を読んでみてほしい。

（1）効率良く育てるより、いかに早く成長するかが鍵

大企業は、社内で研究開発を進めながら、有名大学での研究成果からの技術移転を狙って産学連携を進めている。米国の国立研究所やＮＡＳＡも、その成果をビジネスに技術移転するためのセンターにもなっている。しかし二十一世紀の現在、このモデルは、新しいビジネスを生むものとしては、時代遅れになりつつある。今日、新しいビジネスを生み出し発展するための律速となるのは、いかに素早く必要な人材や資源を集めて、課題を解決する方法を始めるかなのである。その際、科学的発見だけでは、ビジネスとの間でミスマッチが起きかねないので、科学だけでなく、心理学、社会学、多くの学問の知識が必要になる。とにかく、短期間で実行してみることが第一なのである。

（2）時として不条理な戦い

学術的に優れた技術であっても、ベンチャー企業としては成功できなかった事例は至る所で見ることができる。もちろん起業家自身が技術者であるがために、経営者としての資質が足りなかったり、戦略的な計画を立てられなかったこともあるが、それだけで成功か失敗かが決まるわけではない。およそ四十年前に、いくつものデータベース・エン

ジンを開発するソフトウェア会社が米国で誕生したが、オラクル社以外は淘汰されて消えている。検索エンジンを開発した会社も多くあったが、ヤフー、グーグルなどに集約された。これらは必ずしも技術的な優劣だけでなく、資本を提供した協業の有無、トップの指導力など多くの要因があったといわれる。経済学者は政府・行政の支援・介入も必要と言ってきたが、そんなことで起業が成功するのではなく、技術・経験を持った広範な人とのコンタクトや交流が必須なのである。経営や財務だけでなく、知的財産、不動産、会計、営業など本当にいろいろな人材が必要なのである。その上、人は感情的、心理的に判断・行動することがあるので、合理的に判断するだけではイノベーションを成功させることはできない。

（3）開かれた市場の中にある障害

ベンチャーを起業しようとするとき、多くの地域では、市場や必要な人材へのコンタクトが自由にできるように見えるが、実はいろいろな制限が存在する。地域で生まれたスタートアップ企業に対して、行政が他の地域に移ることを良しとしないため、顧客や、支援してくれる人たちとのコンタクトが進まないことも起こりうる。行政にとっては、インキュベーション・センターを建設して、イノベーションを支援するのは、あくまで地元の中で発展してほしいと思っているからである。また、雇用をあまり生み出さないイノベーションには、行政の支援が得られないかもしれない。今日の世界では、インターネットで、連携する企業、有望な顧客、必要な資金源など多くのコンタクトを取ることができるので、グローバルに外部との連携や支援を求めているスタートアップ企業が成功に近い。

（4）対人関係による障害の克服

物理的な距離による障害は、ネットワーク上のコミュニケーションが可能になったことで低くはなっているが、自分たちがそれぞれ所属するコミュニティの違いや、文化や言語など社会的な障壁は依然残っている。広大なネットワークの世界で、必要な人たちが相互に全てつながっているような理想的な状態にはならず、小さなコミュニティ内でハブと呼ばれる範囲内の密接なコンタクトの中でしか、相互の信頼関係も生まれないという傾向がある。起業家は起業家の社会でのネットワークを持ち、投資家は投資家の中でのネットワーク、科学的な発明家は同じコミュニティ内でのネットワークを持っている。起業家と投資家との間でも、膝を突き合わせて話すことができないと、お互いの考えていることを理解するのが難しいのかもしれない。見ず知らずの人とのコンタクトには高い障壁があるといえる。このことから、ビジネスの世界で、ブローカーと呼ばれる、仲介者の存在が必要となるのである。

（５）活気あるネットワークの中にどうやって入る

世界中には有望な顧客は山ほどいるが、その有望な顧客に直接コンタクトすることは、社会的障壁があることからインターネットが発達した現在においても、簡単ではない。少ない時間とコストで顧客を得られるかどうかで、スタートアップ企業が生き残れるかどうかが決まると言ってもいい。社会的に距離のある集団の中の顧客とのコンタクトに、その集団のキーパーソンを介さないとできないとすれば、とても時間とコストがかかる。そのように考えると、大勢のメンバーが入っている集団に入ることが、それだけ多くの可能性や市場を掴むことになりやすいといえる。できるだけ多くの人とネットワークを築くだけでなく、キーパーソンを探さないと、効率良くネットワークを広げることが難しい。

（６）家族や友人の範囲の外にある高い障壁

誰でも、親しい友人や家族の範囲内であれば、常日頃から十分に相互の信頼関係があるが、その範囲の外になると、やはり信頼関係の度合いが低くなる。しかしながら、より多くの人材の集まりに入っていくことで、イノベーションを起こすことができる確率は高くなる。見ず知らずの集団に入っていくことは、居心地の悪いものだが、それを克服することが大事である。そのためには、起業家が努力するだけでなく、いろいろなアイディア、技術、マネジメント・スキル、営業ネットワークなどを持った人たちの間での積極的な交流が必要で、そのために場を提供することができる、要となりうる機関や専門家の存在が意味を持つ。

(7) 社会的な距離を縮め、分散しているネットワークをつなぐ要

シリコンバレーがイノベーション・エコシステムとして高度に発達しているのには、インフォーマルな会合が、いろいろな人の主催で実行されていることが大きな要因となっている。このような活動が行われている背景を調べた結果、シリコンバレーでは実に多くの要となりうる人材が、複数のベンチャー企業のボード・メンバーになっていることも分かった。分散しているネットワークを結び付けるのは、要となる個人ばかりではなく、いろいろな機関がその役割を果たしている。例えば、米国国立科学財団の"I-Corps"プログラムでは、多くのイノベーターを対象に、自分のアイディアをどうやったら市場に結び付けることに成功できるかを定期的に指導している。また、シリコンバレー銀行は、三万以上のベンチャー企業に資金提供をしている銀行だが、ベンチャー・キャピタルおよびプライベート・エクイティ部門も運営しており、起業家のメンター役ともいえる要の役割をも果たしている。これらの機関は、起業家が、いろいろなリソースにコンタクトすることを容易にしており、アイディア、技術、知識、資本などの間で結び付き

ができる機会を増やしている。さらにその際に、相互の情報やコンタクトの質を確保し、イノベーションにつながる環境を保証しているのである。

(8) 鍵を握る対人関係

一方、起業家は要となってもらえる人に頼るだけでなく、自ら動いてネットワークを広げることがもちろん必須である。投資に対する結果を見る経営指標として、いかに熱中して競争に臨んでいるか、いろいろな人との協業を推進しているか、知り合いを必要なときには支援しているか、新しい知識への熱心な取り組みや、チームとしての親和度などを、これからは考えるべきである。

起業のスタートアップのときには特に、対人関係が成功の鍵を握っている。技術的なアイディアや科学的な発明を有している起業家と、このアイディアをビジネスに結び付ける役割のCEOとの関係が、特に象徴的である。それぞれの役割を担う人の考え方は根底でかなりの違いがあり、スタートアップのビジネスが多くのリスクを伴うものなので、どうしてもお互いが用心深くなる。ワシントン大学の心理学の名誉教授ジョン・ゴットマンの研究結果では、顔の表情を見るだけで対人関係がその後うまくいくか、破綻に向かうかが分かると言っている。この研究は、夫婦間の関係を調べた結果だが、スタートアップの起業家と投資家との間、あるいはいろいろな場面での人と人との関係で当てはまるものと思われる。悪い表情のときは、内容をしっかり傾聴できておらず、継続的な摩擦を生じかねない。やはり、良い表情で接することで、お互いの意識が向上し、イノベーションがより成功に近づくのである。

(9) イノベーション・チーム内での感情

新しいアイディアを持っている科学者と、商品化やビジネスを進める経験豊富なビジネスマンとの組み合わせを想定してみる。相互に、自分のアイディアの一部と経験の一部とを交換する場合、大昔から行われてきた物々交換とは違い、それぞれが持っている内容の価値が明確ではない。科学者のアイディアがどれほどビジネスを生み出す可能性があるのか、ビジネスマンの経験がどれだけ起業に役に立つのかを、お互いに理解するのが難しく、感情的には自分の持ち札のほうが優れていると思うのが普通である。また、お互いに少しずつ手元の札を出していくので、その過程に時間がかかりすぎてしまうことが多い。新しく起業する際には、どれだけの価値があるもの（サービス）なのかを正確に考えることは難しい。こういう場面で、相互の情報交換の〝見えない貨幣〟と考えられるのが、相手への信頼度である。相互の信頼という感情があると取引を円滑に進められる。信頼があれば、お互いの手の内を、それぞれの価値がまだ明確でないにもかかわらず、交換することができる。

(10) インフォーマルなルールで、知らない人とも仕事ができる

現在の社会心理学の創始者ともいわれる、トルコ系アメリカ人の社会心理学者ムザファー・シェリフが、十代の子供を二つのグループに分けた実験で、グループ間で競わせると、激しいライバル意識が目覚め、実際喧嘩になることもあった。一方、グループ内で観察すると、まったく知らない、出自も違う子供たちの間でも同じ目標があると、すぐに仲良くなって協力することを見出した。文化的資質によって、経済活動の中でインフォーマルなルールを形成することがある。個人の間での相互関係で文化的規範が成立し、それがグループ内できちんと守られるようになれば、相互信頼が目覚め協力関係が長持ちする。イノベーションを起こそうとする起業家は、長期的な恩恵のために、短期的な利益を捨てなければならないし、ベンチャー投資家は、起業家に公平に当たるという評判を求めないといけない。

(11) リスクへの恐れを凌駕するモチベーション

信頼関係を得ることができれば、得られるお金以上の糧を得ることができる。信頼関係に基づく情報のやりとりによって脳の褒章システムが活性化され、さらなるインセンティブが生まれる。理性を超越した、お互いを思いやることで、外部との競争でも成功に導くことができる。成功するためには自己犠牲が必要で、長期の目標のためには短期的

なことは諦めないといけない。シリコンバレーの素晴らしさは、外部からきた人も同じように歓待し、分け隔てなく情報を交換し、進んで協力し、少々の間違いは許容して、新しいアイディアを受け入れることにある。このような性格は、米国の建国時代のフロンティア精神とも大いに関係があり、厳しい環境での個人第一の考え方と、実際には周りの人たちとの共同作業が必要であることとのバランスを取ることから生まれる。そして、お互いに、いろいろな契約内容に縛られるだけでなく、暗黙のあるいは明記されていないルールに従って、信頼関係をどんどん形成していくのである。

起業家への道

ここまで、ビクター・H・ワンとG・ホロウィットの著書に沿って、イノベーション・エコシステムを実現する方策を勉強してきた。この内容を勉強した上で、起業家を目指す皆さんは、どのような考え方や行動をとればいいのか。

（A）従来の考え方に捉われず、夢を描く

周りから不可能と言われても、自分の目標を信じる。自分の目標を信じることができれば、他の人の夢も尊重するようになる。夢を語り、長期的な目標を熱意を持って話すことができなければ、誰もチーム員としてついてきてくれない。

（B）外に出て、多くの人の話を聞こう

さまざまな交流の機会を逃さず、多くの人の話を積極的に聞く。イノベーションも一人だけで起こせるのではなく、チームで始まるものだと認識する。だから、なるべくいろいろな分野の人と交流することで、課題を解決できるチームを作ることができる。また、自分のスキルの弱さがどこにあって、足りないものは何か、をしっかり自分で見つめて知ることが大事である。

（C）信頼し、信頼される

ビジネスは信頼から生まれる。交流した人を信頼することから視野が広がる。ひょっとするとアイディアを盗まれると考えていれば、進むことができない。手の内を出すのを渋っていては、資金を提供してもらうベンチャー・キャピタル、あるいは最初に製品を使ってほしい大事な顧客が離れていってしまう。

（D）どんどん実行してみる

イノベーションはトライ＆エラーを繰り返すことが大事である。最初から完全なことを目指すのでなく、迅速なサイクルで実行そして修正を繰り返すのである。要は、いかに早く失敗を見極めることができるかである。

（E）自分に有利なことだけを求めず、公平さを大事にする

他人との交流、やりとりで公平な態度をとることが、相互の信頼を生む。公平な態度をとり続けることが重要である。スタートアップのときに一緒に進もうとするメンバーには、日々の公平な扱いを続けないと、チームとして継続できなくなる。

（F）失敗が終わりではなく、次に進むための学びと考える

間違えたり、失敗することは、困難を伴うが、それで終わりではない。イノベーションを成功させることは簡単ではないから、たくさん間違えることが成功につながると考える。

（G）自分から率先して動く

情報を出すときでも、見返りを期待するのではなく、自分から積極的に発信していくことが大事である。自分から発信することで、周りから情報が得られる。周りとのコミュニケーションが少しでも広がれば、協働作業ができる相手が見つかる。

最初に、アイディアをビジネスに結び付けるためのビジネスモデルをしっかり考えることが（ビジネスモデルの詳しい内容は、次回の講義で話す）重要であるが、一人で全てを考えることは困難である。そのときにこそ、ネットワークを広げる努力をすることで、周りから教えてもらえる。資本家、マネジメントの専門家、法律家など多様な人たちとの協働作業が必要なので、立場の違う人たちとの間で胸襟を開くことである。そうはいっても、安心して付き合えるネットワークを広げていくことは簡単ではなく、どうしても付き合う相手を信用してよいか考えてしまう。今回の講義では、とにかく自分のほうから信頼して情報を出していくことが大事であると述べてきたが、以前からの知り合いに紹介してもらうことや、すでにエンジェルなどから資金を得て活動している、スタートアップの起業家の集まりに参加できる機会などがあれば、是非とも活用したい。

実際に起業する、イノベーションを起こしていくために、必要な手順、実行方法については、次回の講義の中で、資金を出してもらうベンチャー・キャピタルとの関係も含めて詳しく説明する。

注

（注1）ハーバード大学の生物学、特にアリなどの昆虫学者。環境保護主義を支援し、社会生物学とか行動生物学

といわれる分野の創設者。ＴＥＤプライズを受賞する際に「地球の生命を守るためにできること」を講演している。

（注２）シカゴに本社を置き、共同購入型クーポンサイト「Groupon」を運営する二〇〇八年創業の企業。

（注３）シカゴ郊外ディアフィールドに本社を置く、医薬品、医療機器関連の世界的企業。

（注４）シカゴ近郊に本社を置く、携帯電話、無線通信インフラ、半導体チップなどの製造会社。現在は、携帯電話関連の会社と無線ネットワーク部門の会社に分割されている。

第5講

ベンチャー・ビジネスの立ち上げ

――VC資金の獲得とビジネスモデル――

今回は、起業家を目指す皆さんにとって最も大事な、新しい会社を作るときに、その過程で必要となることを述べる。今までの講義で話したように、アイディアが浮かび環境がそろえば、起業家への道を進み始めるが、どうしても避けて通れないのが、どうやって事業資金を準備するかである。一番大事な資金源である、ベンチャー・キャピタルとはどういうもので、どうやって資金を出してもらうかを最初に説明する。次に、どうやって会社の顧客価値を生み出すか、顧客をどうやって識別するかを話す。顧客を識別し見つけて買ってもらえるようにするのは当たり前のことだが、最初に通過しなければならない大切な過程である。そこでまず、起業しようとする若者（Ｅｎ）とベンチャー・キャピタリスト（ＶＣ）とのやりとりを仮想的に設定して、ベンチャー・キャピタルの役割を説明する。これは単純化したもので、ニューメキシコ大学でのベンチャー・ビジネス教育に使っているものである。

起業家とベンチャー・キャピタリストとの関係
——ライブ・バージョン——

ここに、今までにないアイスクリームを売ることを企画している起業家がいたとする。

〈En〉ずっと冷たくて溶けないアイスクリームができた。

　売りたいが、どうしよう！

　（小さな子供を持っているお母さんたちの夢の実現である）

最初にすべきことは、このアイスクリームを市場に出すために、自分に出資して支援してくれる人を探すことである。

一方、ベンチャー・キャピタリストは、自分が管理している資金運用のために良い投資先をいつも探している。

起業家がVC（ベンチャー・キャピタリスト）の前でプレゼンテーションをした。

〈En〉私のアイスクリームは、他のどんなものより素晴らしい。

図5－1　新商品

なぜなら、ずっと冷たくてしかも溶けない。このアイスクリームの工場を建てるためには資金が必要である。

〈VC〉ふーむーー。アイスクリームは誰もが好きだから、このビジネスは大きくなるかもしれない。きっと大成功するぞ。

ベンチャー・キャピタリストは、アイディアが気に入ると、起業家にお金を出すが、すぐの見返りは要求せず、起業家が作ろうとしている会社の一部を所有することを求める。

〈VC〉五〇〇万ドルを出すので、あなたのアイスクリーム会社の半分の所有権が欲しい。

〈En〉やったー。

起業家は、取引が公正であると考え、素晴らしいと言って取引を成立させた。

起業家は、会社の半分を渡す代わりに五〇〇万ドルを手に入れ、彼のアイスクリーム会社（“Cool Drool Ice Cream”）を大きくしていく。

一年後、大勢の人がこのアイスクリームが好きになり、会社は供給が追いつかなくなった。

〈En〉今や一〇〇〇万個のアイスクリームを毎日売るようになった！　もっと需要に応えるために、さらに資金が必要である。

〈VC〉それでは、私から、誰か支援してくれる人を紹介しよう。

ベンチャー・キャピタリストは、この会社 Cool Drool Ice Cream をアイスクリーム製造の大手会社Baskin Robbinsに紹介した。

〈En〉私たちのアイスクリームは特許を取得しており、売り上げは毎月一〇〇%の伸びで成長している。支援してくれる人を探している。

〈Baskin〉ワオ、すごいアイスクリームだ！　我が社であなたの会社を買い取ることを考えないといけない。

Baskin RobbinsはCool Drool Ice Creamを巨額のお金で買収する提案を出した。

〈Baskin〉Cool Drool Ice Cream買収資金として二億ドルを用意した。私たちに相談していただきありがとう。

〈En〉了解です。このお金で両親に家を買いたい。それと、数百万ドルは糖尿病の研究に寄付するつもりである。

〈VC〉素晴らしい！　私たちの資金がこの投資で元の二十倍になった。

起業家とベンチャー・キャピタルは元の会社を五十%ずつ保有していたので、それぞれこの買収によって、半分ずつの収入を得ることになった。

〈En〉一億ドルが私に入る？　アイスクリームがこれだけの価値になるなんて一体誰が知っていたか？

〈VC〉やあ、私の投資先がこんなに幸福になった！　さて、次はどこに投資するか。

あなたがスタートアップの起業を始めるとき、多くの人たちは、その複雑さ、実際に会社を動かしていく挑戦についてきちんと評価してくれません。だから、起業家にとってこれは大変な挑戦であり、エネルギー、情熱、時間、財務リソース、そして責任を負うことになる。だから、この挑戦を始める前、どうやってお金（起業資金）を得るかを考える前に、どうしてこんなことをするのかをよく考えてみる。お金儲けのためか、こんなライフスタイルをしたいからか、世界を少しでも良くしようとする情熱を持っているのか。一つの理由だけではないかもしれない。また、この起業に、これからどれだけ長く目標を持って進んでいけるか、財務リスクを負うことに不安はないか、などこれら全ての質問は、あなた自身が会社を設立していく上で必要である。

ビジネスを始めるときには、自分のビジネスに対して、次のような冷静な問いかけが大事である。

◆この商品やサービスは本当に必要か。

多くの起業家は、自分たちの製品を今までにないような重要なものだと信じており、否定的な声を聞こうとしない。例えば通常のアイスクリームを一〇〇円で売っているのに、特別なものを、クリームが垂れ落ちないからといって一五〇円で売ったときに、お客は本当に買うのか、五十円高いものを誰も買わないかもしれない。ナプキンを買えば済むかもしれない。このような質問を考えなければならない。

◆チームで製品を作ることに自信を持つ。

このことは後でまた話すが、アイディアを掴み、ビジネスモデルを考え、製造を考え、流通モデルを考え、財務会計に自信を持って進む。このようなことを全て一人で行うことは普通はできない。何人かの人たち、多くの人たちとの協働作業であることを十分理解しないといけない。

◆製品の販売で収益を上げること。

アイスクリームの話で考えると、お客があまり欲しいと思っていないのに、余分な五十円を価格に上乗せすることができるか、ということ。ソフトウェアの世界で言えば、多くのソフトウェアが製品として市場に出ている中で、素晴らしいソフトウェアと思ったとしても、それでお金が稼げるのかである。

◆同じセグメント（領域）の中でどれだけ競争力があるか。

アイスクリームを例にとれば、どれだけ多くの競合がすでにアイスクリームを製造しているか、他のアイスクリームをすでに販売している店に、あなたのアイスクリームを追加で置いてもらえるか、を考えないといけない。もっと価格を下げないと置いてもらえないとなれば、ビジネスは厳しくなる。
◆全体の市場の予測、成長できる可能性の予測。市場規模の予測や、これからの将来性を語らなければ、ベンチャー・キャピタルだけでなく、一緒に頑張るチームメンバーもついてこない。

会社のお金（事業資金）を作る方法を少し詳しく説明する。図５‐２に、大きく分けて二つの資金調達方法を書く。それぞれについてはこの後、説明するが、上段の方法は、ブートストラッピング、何もないところから始めるやり方である。少し大きくなると、借金とロイヤリティに依存する。これらはノン・エクイティ（株式を使わないの意味）の方法である。下段の流れは、エクイティを使う方法である。エクイティが意味するものは、あなたが会社の一部を所有して、一部を誰か他の人に与え、その代わりにお金を得るという

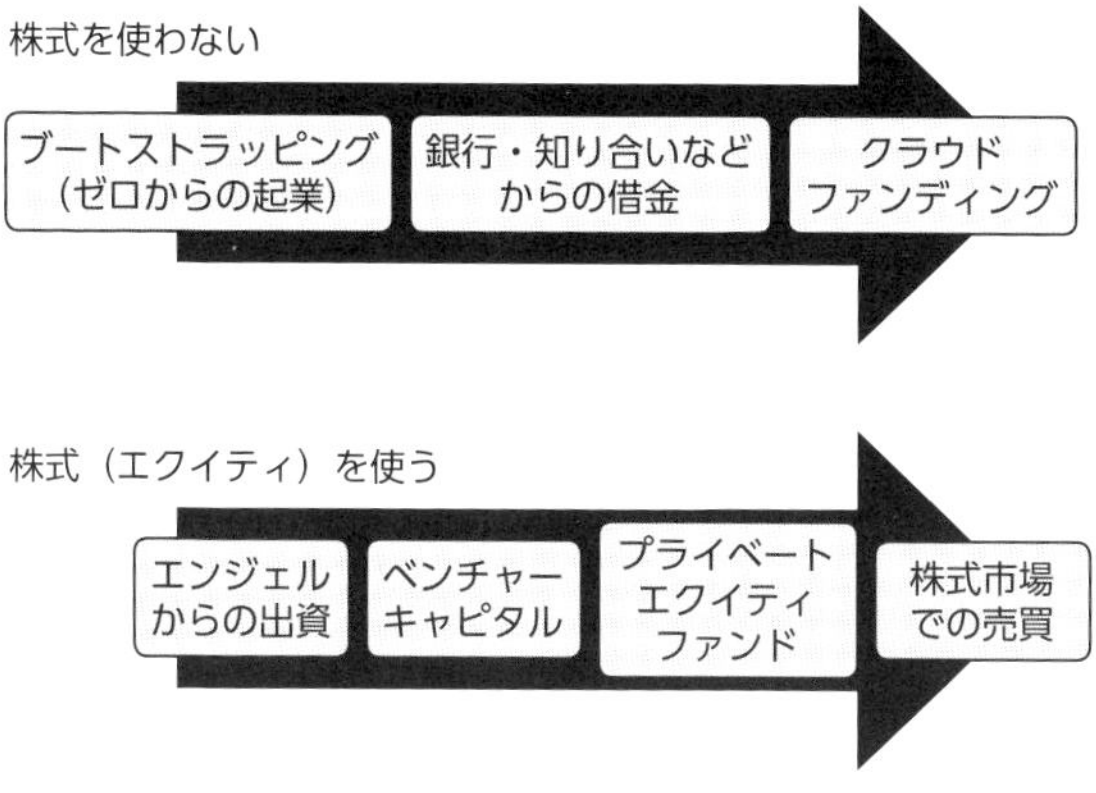

図５−２　資金調達の主な方法

ものである。会社の一部とは株であり、あなたが株を作り、株を渡す相手はエンジェルであったり、ベンチャー・キャピタルであったり、プライベート・エクイティであったり、株式市場であったりする。これらを一つずつこの後、説明する。

ノン・エクイティ

ブートストラッピングで始めるプロセスをまず述べる。これは基本的に、自分のお金で会社の資金をまかない、会社を起こすものである。例えば、あなたは自分の家でCool Drool Ice Creamという会社を作り、自分自身で売り、自分のお金を使い、このアイスクリーム会社を一から大きくする。ブートストラッピングで始める会社の多くは、サービスとかコンサルティングの仕事からスタートしている。これが最も始めやすいのは、現実的にコストがあまりかからないからである。例えば何か新しい種類の機械を発明したとすると、その機械を製造するには大金が必要になり、この種のスタートアップは困難になることが多い。だから、サービスやコンサルティングなどがやりやすい仕事なのである。

ブートストラッピングの会社は、エクイティ・ファイナンスの会社に比べ、現金をより効果的に使う長所があるといわれている。自分のポケットから出したお金はやはり注意して使うし、よく考えてゆっくり進むことになる。二つ目の長所は、ブートストラッピングの会社は、顧客との距離が近いといわれている。顧客との距離が遠いと、課題や問題が見つけにくい。距離が近いと、顧客が何を解決したいと考えているか、どんな解決方法が良いのか、顧客の要望が理解でき、良い解決策を提供できるという利点を持っている。これらがブートストラッピングの強みである。一方で、ブートストラッピングの会社は資本金が限られているため、例えば、アイスクリーム会社をブートストラッピングで始めると、実行できる範囲に縛られて経営することになり、巨大な需要があった場合にはその需要に応えることができず、顧客が離れていってしまうことも起こりうる。せっかくの機会を逃してしまい、他の会社が資金を得て大量に投資すると、後塵を拝することになる。

そこで、誰かから、ほとんどの場合は銀行からお金を借りる。基本は貸付なので、会社の担保が必要になり、制限を受ける。だから、あなたが借金によって会社を動かそうとしても、担保として提示できるものがなければ、銀行に行っても、通常はお金を貸してくれない。そ の上、銀行は簡単に理解できないような複雑な事柄をきちんと見てくれない。銀行は、アイスクリーム会社には興味があっても、起業家のあなたが毎日しているたくさんの事柄、例えば物質科学に関する話などは、彼らにとって理解するのが難しい。銀行は研究者ではなくあくまで銀行家なので、あなたの説明が簡単明瞭でなければ、納得させるのは難しい。

資金需要の目的が限定されていて、あなたのビジネスがイノベーションに関連するものでなければ、借金することは有効な手段になりえる。例えばもう一台機械を買って、アイスクリームを増産するのに少し資金が必要になったときには、借金をして購入するのはおそらく良い決断である。銀行からの借金は、特にネット関連、ソフトウェア、あるいは技術主導の会社を成長させるためには向いていない。理由は、内容を理解させるのが難しいことと、会社の成長速度に合わせることが難しいからである。

エクイティ・ファイナンス

エクイティ・ファイナンスを実行したくなるときの考え方のプロセスを図5-3に示す。あなたが独創的な製品やアイディアを掴み、優秀で情熱を傾けてくれるチームを作ることができ、市場でとても大きな成長のポテンシャルを持っていて、しかも、競争はとても激しい場合を考える。このような状況は、市場の変化が非常に早いことを意味しており、タイミング良く投資することが必要で、そうでないと市場に置いていかれることになる。

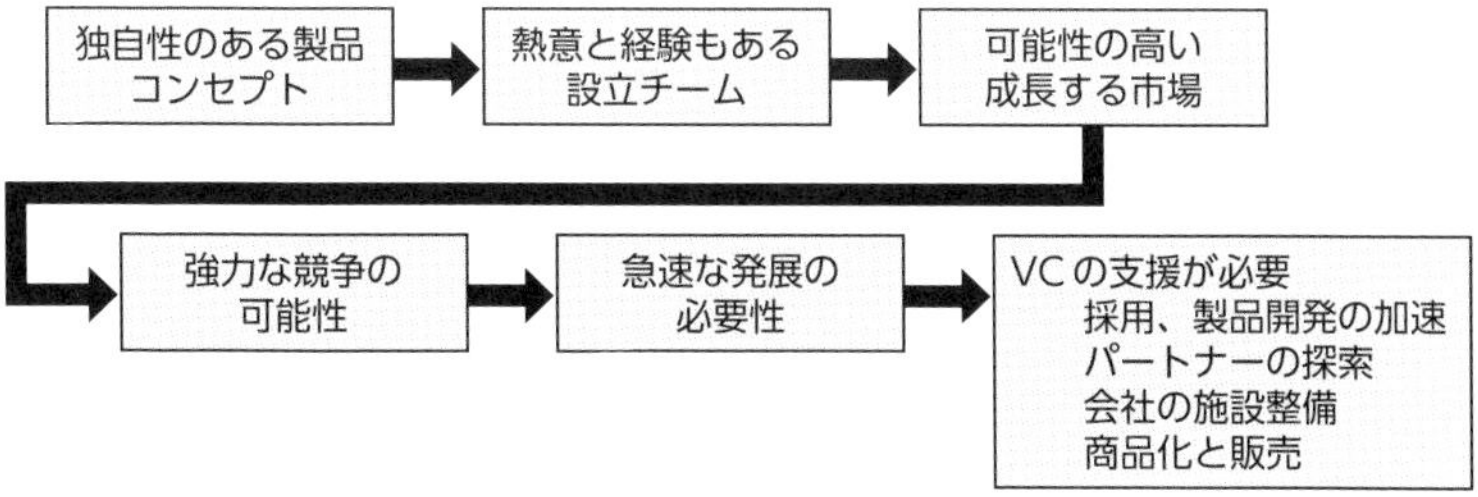

図５－３　VCによる株式などのエクイティ・ファイナンスの必要性

素早く行動することが必要で、ベンチャー・キャピタル（ＶＣ）の助けを必要とする。ＶＣは、多くの場合、どのように会社を成長させればよいか、といったことを今まで何回も経験していて、専門家を連れてきてくれる。ＶＣには、あなたが会社を素早く動かすために、本当に支援できるような知識と経験が備わっている。

ＶＣを使わない手はないが、最初にすべきことは、おそらく製品を作ることであって、会社を作ることではない。まずは、一つでいいから製品を作ってみることで、会社をいきなり大きくすることではない。会社を大きくしようとするときにＶＣを頼るのである。アイスクリーム会社の例で言うと、一部の地域の人だけがアイスクリーム好きであって、市場は小さいかもしれない。起業の動機はお金だけではなかったはずで、何かを成し遂げるのに、これがいいと思って始めていたはずで、お金をどんどん稼ぐことを期待していたわけではない。ならば、すぐに多額の事業資金を集めることをするべきではない。とにかく、資金を得るためにはそれなりの時間がかかるということを肝に銘じるべきである。

起業を始めるときには、小さい出口、小規模で結果を出すことが、個人的にも有利である、ということを理解し考慮すべきである。予測と違っていたら、製品を完全に開発するより前にやめてしまうのである。早い段階で止めないと大金を失うことになるかもしれないから、早期に決断するのである。あなたのライフスタイルがこの仕事を進めることに合わないと思い始めるかもしれない。長期間この仕事に束縛されて、楽しめないときには、止めることを考えるかもしれない。

エクイティ・ファイナンスとは株式などの発行により資金を得ることを言うが、ベンチャー企業の発展段階に応じた、いくつかの資金獲得方法の比較を表5-1に示す。シード(Pre-series A)これは、初期の資金で、たいていは家族や、一、二人の投資家のお金に頼ることになる。アーリーステージ(Series A)では、裕福なエンジェルやVCを掴むことからスタートを切る。次の成長期、これは三番目、四番目、五番目となる資金獲得である。通常は、まず目標を決め、例えば一〇〇万ドルでしばらく運営する。それからまた次の目標を決め、追加の一〇〇万から五〇〇万ドルを得る。少しずつ大きくなり、このステージで五〇〇万ドルから三〇〇〇万ドルとなる。このステージでは、専門的なベンチャー・キャピタル(VC)からの出資となる。VCは起業からあまり時間のたっていない会社を見つけることを専門としていて、市場に出ていくことを助けることで儲ける。次のステージはレイトステ

表5-1　エクイティ資金の獲得

		シード Pre-Series A	アーリーステージ Series A	成長期 Series B、C、D	レイトステージ/メザニン投資	PE プライベート・エクイティ
投資規模		$1M未満	$1M-$10M	$5M-$30M	$30M+	>$30M
ファンドの形態		助成金	富裕層 エンジェル	VC(ベンチャー・キャピタル)	レイトステージ VCファンド	
		友人&家族	VC(ベンチャー・キャピタル)		ヘッジ・ファンド	
		エンジェル投資家			ミューチュアル・ファンド	
		大学のシード出資				
		シード狙いのVC				

(注) メザニン投資：ハイリスクとローリスクの中間としてミドルリスク・ミドルリターンを狙った投資。
ミューチュアル・ファンド：複数の投資家の資金を運用する投資信託。
プライベート・エクイティ：複数の投資家から集めた資金を未上場企業に投資し、経営に関与して価値を高め上場や売却を狙う資金。

ージで、資金源が違ってくる。三〇〇〇万ドル以上になると、プライベート・エクイティの段階になる。

次の表5-2には、銀行からの借金、VCからのエクイティとロイヤリティとの比較を書いている。ロイヤリティとは、製品を誰かにライセンシングすることによってお金を得る方法である。この表を見れば、いろいろなことが分かる。ダイリューション、これは例えばあなたが製品を作るときに誰かがあなたの会社の一部でも買った場合に起きる。アイスクリーム会社の例で、五十%の株を他の人が所得した場合を考える。そのときから突如、あなたと五十%の株を買った人の双方が、等しく会社をコントロールするこ

表5－2　資金調達方法の比較

	銀行／借入	VC／エクイティ	ロイヤリティ
統制・制限	返済の誓約あり、高利息、個人の担保	取締役会への参加、保護条項あり、特定の権利行使	最小限、資金上の誓約なし
ダイリューション（希薄化）	なし、またはワラント	中程度から極端例まで	なし、またはワラント
弾力性／レバレッジ	弾力性なし、支払額固定、投資に回したときハイリスク	弾力性高い、支払い不要、投資に回したときのリスクなし	弾力性あり、支払いは収入に依存、投資に回したときのリスクは低い
利害の一致	潜在的にない	ミスマッチになる可能性成長と最後の出口が最重要	絶えず売上増加が厳しく求められる
出口戦略	中立	出口こそ投資家へのリターンとなる、絶えずM&Aを強要	起業家主導で、出口ができればよいが必須ではない
倍率要求	貸付金の1－2倍	投資額の8－10倍	投資額の2－3倍

とになり、あなただけでコントロールすることはできなくなる。他の人が六十%の株を持った場合は、あなたは少数株主となり、もはやあなたが会社をコントロールすることはまったくできなくなり、多数株主が決定することになる。私が多数株主であれば、私がアイスクリームの会社を大阪に移したいと思えば、あなたが賛成か反対かを聞く必要がない。このように、あなたは創設した会社をコントロールできなくなる。ダイリューションはこのようにして起きるメカニズムなのである。

　借金であれば、会社のコントロールについて何も諦める必要はなく、あなたの持ち分は一〇〇%のままである。エクイティの場合は、いくらかを諦めることになるが、それは、あなたがどれだけ諦めるか、その比率により適度にもなれば極端なことにもなる。ロイヤリティの場合も会社のコントロールをまったく手放さずに済む。銀行からの借金は柔軟性がなく、毎年の支払いが決まっていて、クレジット・カードの支払いと同じである。毎月元金と利息の両方を支払う必要があるから、返済がとても困難なことになるかもしれない。ＶＣの資金の場合は非常に柔軟性が高く、特に返済の義務がなかったり、製品を出荷した後、三年後から返済する場合もある。このように、この表はとても興味ある内容となっている。

あなた方は、おそらく銀行には行かないと予想する。投資家の人たちと馬が合うことを祈る。もしも、相手とうまくいかないと、間違った結婚をしたかのように、ひどいことになる。相手と同じゴールを共有していない場合や、ロイヤリティの場合は提携先が、同じゴールを共有していないと、とても不幸になる。表５-２のどの列でも、自分に合うものを選ぶことである。次に出口戦略だが、これは会社を去るときのことである。会社が十分大きくなるまで待ち、大金で売ることもできるし、別の会社を作ることもできる。アイスクリーム会社の例で言えば、Baskin Robbinsがやってきて会社を買い上げ、あなたは大金を掴んだ。しかし、その金額は、あなたがずっとその会社にいて得ることができたかもしれない金額ほど大きくないかもしれないが、それでもあなたは十分満足したのである。

ベンチャー・キャピタルについて

ベンチャー・キャピタルから資金を得るエクイティのシリーズは、通常は二ないし四年単位で繰り返して実施され、次のシリーズに移るたびに資金を得る。そして、投資する側は、一定期間での投資のコミットメント（約束）をする。例えば、五年間にわたり、四半期ごとに二十五万ドルを出すことを約束する。ＶＣ基金の構造を図5-4に示す。ゼネラルパートナー（経営責任者）が基金の運営を行い、図中右上にあるリミテッド・パートナー（有限責任パートナー）はこの基金に投資し、相当な利息、例えば十％を受け取る。ＶＣは、有限責任パートナーの資金の中から、毎年、管理手数料を取る。資金の大きさによるが、通常二％を取り、事務所費用や人件費、消耗品費用に当てる。ベンチャー・キャピタルはこの図

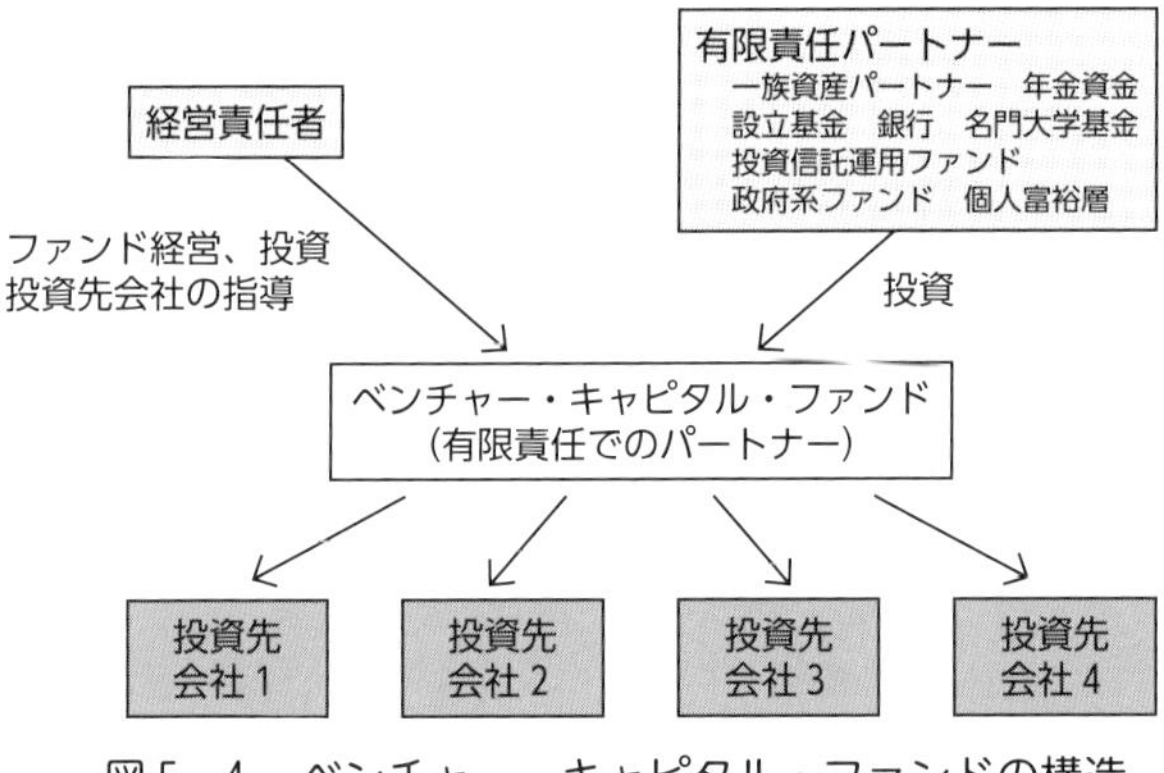

図5－4　ベンチャー・キャピタル・ファンドの構造

のように多くの会社に投資し、うまくいけば多額の報酬を得て、その一部、通常二十％を経営責任者が成功報酬（carried interest）として受け取る。単純な例として、本日の講義の最初に出てきたCool Drool Ice Creamの場合では、五〇〇万ドルの投資が一億ドルになって返ってきたので、九五〇〇万ドルの利潤の二十％を経営責任者は受け取る。これが、経営責任者のインセンティブとなっていて、ベンチャー起業を成功させるために、助言を与え、外部との接点としても動く。このようにしてＶＣは大金を稼ぐ。

次にエンジェル投資家について説明する。エンジェルは、個人の所有している資金、あるいはエンジェル・グループとして所有している資金を使って、小さな会社に投資する。スタートアップして間もない、本当の初期段階の起業を対象とし（まだ株式評価がとても低い会社が対象となる）、エンジェルによるが、二十万ドルから五十万ドルの範囲の投資をする。彼らは、小さな会社が集まってピッチをするグループ、会合のようなところにいつもアプローチし、出資する会社を探す。典型的なエンジェルでは短かい期間で出口を探し、ずっととどまることはしない。投資先を売って、投資金額の二倍ないし五倍にしようとする。リターンとしてこの程度のもので十分と考える。留意すべき点として、ＶＣの資金獲得を支援してくれるエンジェルを見つけることが望ましい。エンジェルは、このような要請を受けた経験を持っており、ＶＣの世界を知っている。

エンジェルに次いでＶＣから資金を獲得するが、最適なＶＣを選ぶことが肝要なので、ＶＣの行動をもう少し見てみる。図５−４に示したように、資金はリミテッド・パートナーからもたらされる。ＶＣは非公開会社の株を安い価格で買い、その会社が製品を早く出荷でき、素早く成長するのを支援し、株式上場（ＩＰＯ）や企業買収（Ｍ＆Ａ）によって、なるべく早期に株価が値上がりし利益を得ることを狙う。そのためには、出資したベンチャー企業の取締役会のメンバーになることを望む。産業界のリーダーやその他、出資した会社の成長を支援してくれそうな人たちを紹介することも行う。一般的にＶＣは、通信や、製薬など、自分たちの専門といえる分野を持っており、他の分野には手を出さず、自分たちの専門分野に関してはかなりの情報を持っている。

ＶＣは価格流動性のある株を売るので、ターゲットとなる投資先を慎重に選ぶ。ＶＣから見た投資先の選定ポイントは、大きく成長する市場の中で、製品の狙いがはっきりしていること、顧客価値の急速な広がりの可能性、別の言葉で言えば、この製品が大きな市場拡大の可能性を持ち、早いスピードで成長することである。これが選定の第一条件。次は、競争力があるか、知的所有権を有していて、市場に投入するときに先頭を走れること。事業をしている人たちが、以前に起業の経験をしていて何をどうしたらいいかを分かっていること。スケーラブル、これは例えば、五個作ることから始めて製造方法を変えずに五万個でも作れる

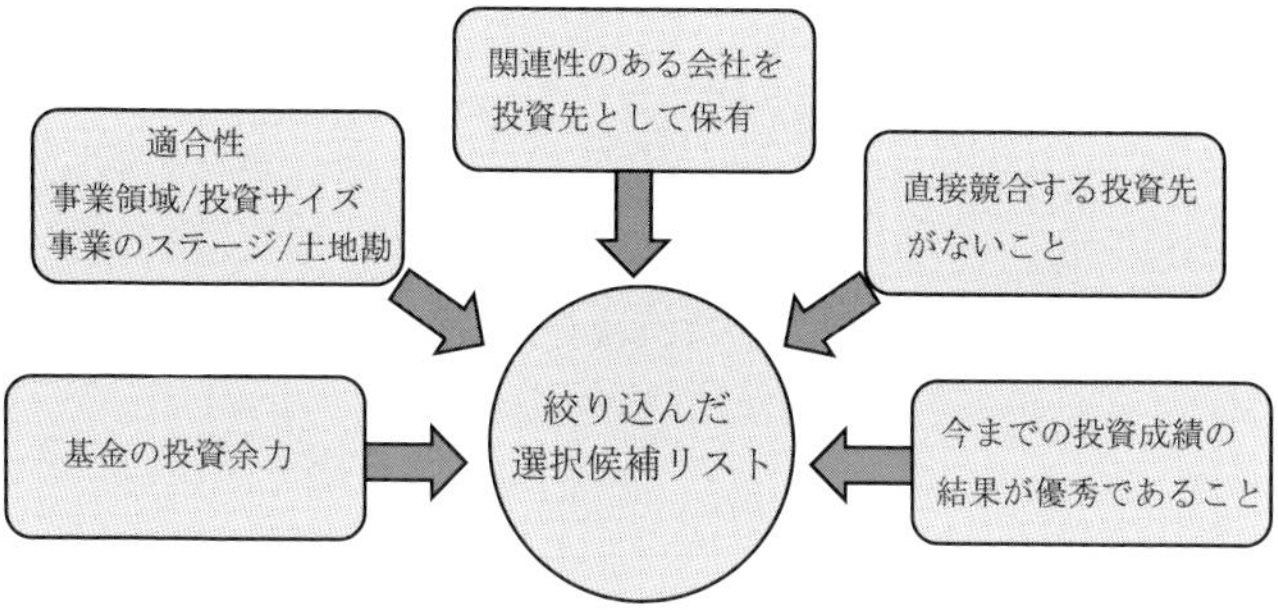

図5－5　適切なベンチャー・キャピタルの選択

ようになっていること。さらに、累積の投資金額が一五〇〇万ドル以下で、ＩＰＯ、Ｍ＆Ａなどの出口への到達を目指すことが可能な投資先を選ぶ。ＶＣはたいてい、一五〇〇万ドルくらいで終了にしたいと思っている。

実にたくさんのＶＣがあるが、その中で適切なＶＣを見つけるために重要なことは、それぞれが専門性を持っているので、あなたのビジネスのことをよく知っているＶＣを探すことである。世界中の多数のＶＣに招待状を送るようなことはしないほうがよい。いいと思える数少ないＶＣに声をかけたい。図5－5に示す条件を考え、候補先をまず絞ることである。知らない相手に電話したり訪問したりするより、知り合いの誰かに紹介してもらうことができるなら、それが一番である。

ＶＣを探すために出かけて行く前に、新聞や雑誌、ネット記事や業界誌などの中に、あなたのビジネス分野に近い話でＶＣのことが書かれていないかを探すのが、いい方法である。彼らが投資している会社が分かれば、どのような企業なのか

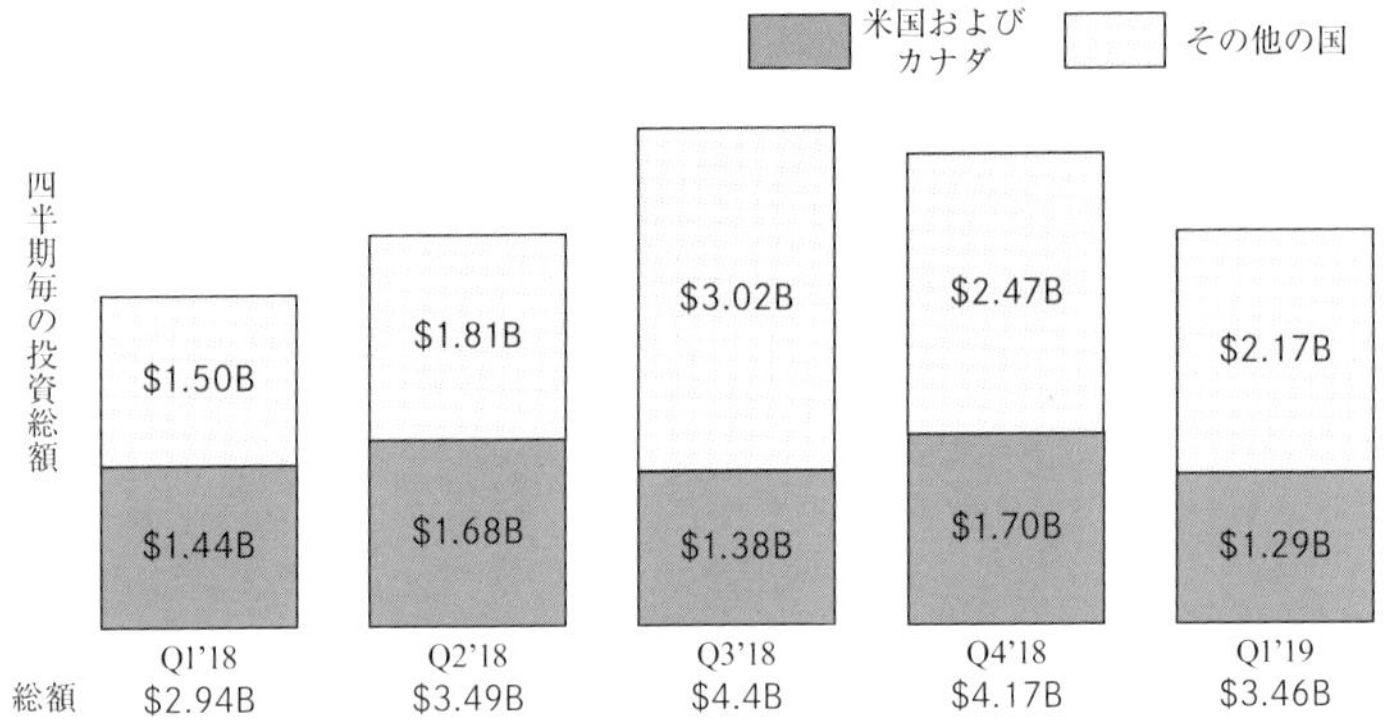

図5-6　エンジェル投資の金額

（出典：news.crunchbase.com）

を調べるために、その会社のネットワークやアドバイザーが特定できないか調べる。各種のイベントや学会、報告会だけでなく、ブログやツイッターなども調べてみればいい。

最近のベンチャー投資の動向を示すものとして、図5-6にエンジェル投資の実績、米国およびカナダでの実績とその他の国での実績を示す。二〇一八年の第1四半期から二〇一九年の第1四半期までの一年と少しの間の推移である。ベンチャー企業のデータベース“CrunchBase”が出しているこの図から見ると、後半は少し下降気味で、停滞しているように見える。エンジェルとシーズ段階以外の成長度合いは測るのが難しいため、このデータを追跡することは、資金を得ようとしている起業家に役に立つと思う。プレシード段階のエンジェルからの資金は無限にあるわけではなく、ベンチャー起業を始めるには、この局面で資金を得て良い製品を作り、この段階を終了して進んでいかないといけない。エンジェルからの資金以外にも、クラウド・ファンディングに進むこともあるかもしれない。しかし、クラウド・ファンディングは公表されたデータがほとんどないし、会社を動かしていくには今のところ、そんなに効果的でもないようである。

シード、エンジェル投資の増加は停滞しているようで、新しい出資者も増えておらず、ほぼ同じ状況が続いている。平均的な投資サイズは一四〇万ドルで、中央値で言えば七十万ドルである。昨年の第1四半期での平均的投資サイズは前年より七％低くなっている。この状況の中で出資を受けるには最善を尽くし、競争に勝つにはトップの五％ないし七％に入らないといけない。典型的なスタートアップ企業は、一人ないし三人の創業者で、壮大な目標を持ち、大きなアイディアを狙っている。シリーズAの関門というのは現実にあるが、全体としての資金が足りないことによる関門ではなく、ごく少数の対象に資金が集中しているので難しい関門となっている。

ピッチ・トーク

さてそれでは次に、起業を始めるプロセスの中で、皆さんの起業が、資金提供先あるいは最初の顧客に認めてもらうために、何百回と行うことになるピッチ・トークの話をする。限られた時間でいかに必要なことを相手に伝えるか、という意味で「九十秒トーク」とか「エレベーター・トーク」とかいわれている。スタートアップの会社のCEOが、エレベーターの中でお金持ちの人を見つけ、自分の会社のことを説明し、その人が興味を持ってあなたの会社に投資しようと思ってもらうための行動である。そのためには短くて、考え抜かれたものでなければならない。あなたのパートナーを相手にしっかり練習することも必要となる。もし、説明しようとする相手の時間を数分間でも取れないなら、資料などを手渡す。

さて、ピッチ・トークでは次のようなことを話す。

- どんな問題、課題を解決するか?

あなたが何を解決したいのか。

図5-7　ピッチ・トーク

●あなたの会社が何をしようとしているか？
私の会社は新しい機械を製造し、耕地をもっと肥沃にし、生産力を上げることで、世界中の飢えを減らす。こういう内容で。
●あなたの会社はどのようにしてお金を儲けるか？
私たちは機械を販売して利益を得る。
●競合相手は誰か？
世界中の誰も同じような機械を売っていない。
●独自性のある優れた価値は何か？
現在は競合がないとしても、競合相手との比較した価値を知りたがる。
この機械は非常に競争力があり、世界を飢餓から救う。
●この製品の市場はどこにあり、どれだけのシェアを狙うか？
この機械を誰に売るのかを言わないといけない。農家に売るのか、大きな農業関係の会社に売るのか、政府に売るのか、誰に販売するのかを決めて話さないといけない。

これらの項目をきちんと理解してもらうだけの準備をしないといけない。あなたのビジネスが提供するのは新製品なのか、サービスなのか、新規技術なのか、が明確に分かるようにするとともに、顧客価値を考えないといけない。

価値を見出すのが難しいときもある。だから、注意して考え、誰がこの価値について気にしているか、なぜ気にするのか、どのようにして気にしていることを知ったのかを話すことが必要である。自分たちの機械が世界の飢餓を減らすこと、それは多くの人が考えていることで、特に誰が問題と思っているのかを示すのは難しい。誰でも少しは気にしているが、この国について、あるいはあの国についてと考えると、本当に問題だと思っている人は意外に少ないかもしれない。

顧客を見つける

顧客価値についての質問に答えるためには、まず顧客を見出すことである。発明家の多くは、顧客価値や有望な顧客などはすでに分かっているとして、顧客を見出すステップを省略しようとするが、それは大変な誤りである。顧客を見出すステップとは、外に出て、該当する産業のことを少しでも知っている人を見つけ、彼らにエレベーター・ピッチを行うのである。そうして、彼らに、自分のアイディアについてどう思うか、役に立つと思うか、自分のアイディアに関心を持っている人はいないか、どこかに可能性のある顧客はいないか、この製品の価値は世界に通用するか、などの質問をする。あなたの専門分野を知っている人ならば、何か有益なことを言ってくれるかもしれない。あなたは、とにかくメモを取って記憶する。百回インタビューできれば、素晴らしい。少なくとも三十回インタビューができれば、誰がどこにいて、何を知っているかが分かるようになる。

まだ他にもできることがある。インタビューの際に、この製品を使ってみようと思うかを尋ねる。もし使わないと言うなら、なぜ使わないのかを聞いてみる。いろいろと話している中で、自分でも知らないことに気づく。そして、誰か興味を持ってくれる人がいないか、話に行くべき人を知らないか、名前を教えてもらうことを頼むのである。このようにして、ネットワークを作ることができる。例えば二人に会うことができれば、その人たちは十人を知っていて紹介してくれるかもしれない。その先にはさらに二十人の知り合いができ、あなたがしているビジネスの周りの世界を掴むことができ始める。

キープレーヤーが誰なのかが分かった上で、優先順位を付ける必要がある。これから投資をし、製品を開発し、試作品をテストし、顧客に届けるというプロセスを考えて、コンタクト先の優先度を考える。誰がこの機械を買ってくれそうか、その人がもたらすものが三つあるとすると、それは何かを考える。食糧増産用機械の販売を例にすれば、コンタクトすべきは誰か？　お金持ちでグローバルな課題に関心がありそうな人なのか、政府支援のエージェントで何か探しているかもしれない人を見つけるのか？　この機械を売ろうとするときに、あなたが考えないといけないことは、この機械を顧客が気に入ってくれるのか？　誰が気にかけてくれるのか？　どうやって気に入ってくれる顧客を探すのか？　である。これらは、ちょうど価値提案について考えていることになる。どんな課題を解決し、どうやって稼ぐか、競合は誰か、あなたがしようとしていることの独創性は何か、市場はどこにあるのか？　これらの問いから始める（参考文献5-1）。

ここで別の例を考えてみる。アルツハイマー病への新しいアプローチを研究していて、治療できると考え始め、顧客を探しているとする。どのように動けばよいのか。直接医者に販売するのか、患者に販売するのか、使うための訓練が必要なものか、コストはいくらくらいか、顧客をどのようにして確定するかを考えてみる。これが一つのビジネス・ケースである。このようにしてあなたのアイディアから価値提案を作っていくのである。

資金もなく何もないところからのスタートアップを例として、どのように始めるかを考えてみる。まず、スタートアップの起業を効率的に、費用対効果の高い方策で始めないといけないので、必要としないことに投資しないようにする。スタートアップからステージA、ステージB、ステージCと進むために必要なことだけに投資する。自分のビジネスが、次のステージに進んで成長することだけに的を絞ることが本当に大事な点である。ビジネスを始める際の無駄遣いを排除することである。起業のときの努力にもかかわらず、最初に自分で立てた仮説は間違っていることが多い。最初の段階に多額の投資をした後で、ビジネスの進め方がまったく間違っていたことに、後になって気づくことも起こりえる。スタートアップで多額の資金を浪費してしまうと、また別の人に資金を頼むか、あるいはそこで諦めなくてはいけないことになる。最初に自分で立てた前提、仮説が間違っていることが多い、ここが重要なのである。ほとんどの発明家は仮説が間違っているなど、考えたくもないと思っている。自分が正しい、自分は賢いと思っていて、これが後になって、本当に必要ではなかったことに資金を使っていたことに気づくことになる。だから、顧客を理解し、仮説をテストし、事実を使って決断することが成否を決める。自分自身の仮説を書き出し、実際に顧客と話してみることがいつでも必須のステップである。実験室に入って製品を作るだけではなく、顧客のところに行って話をする。あなたのビジネスの基本的なことを、何人かの人たちと話すことを、次のステップに進む際には毎回しなければいけない。

まずアイディアがあって、それをどのようにしたいか考えて、問題点をきちんと整理しないといけない。たくさんの不確定要素があるが、成長するためには、段階を踏んで進んでいかなければならない。アイディアの段階から、最小限の試作、ベータ製品に進み、製造法を考え、量産へと進むのである。各段階に進む前には、顧客候補、有望顧客の意見を聞き、いろいろな尺度でチェックする。途中で、もう一度やり直すこともあるだろうし、たくさんの修正を積み重ねることで、顧客に受け入れてもらえるようになる。

価値提案と顧客分類

顧客に与える価値と、どのような顧客を対象にするか、という顧客の客層分類について考えてみる。顧客のニーズとか顧客を満足させるものは何かを考える。顧客の問題となっていることを見出し、これを解決する、これが価値提案の一部である。顧客のセグメント（分類）によってどのような製品、サービスが必要かはそれぞれ違う。誰のための技術なのか、顧客に届けられる価値は何なのか、誰が最も大事な顧客なのか、顧客は他の製品ではなく自分たちの製品を選んでくれるのか、どの顧客が最初に買ってくれる可能性があるのかを考える。自分たちの製品をどのようにしたら市場の適切な場所に、適切なタイミングで持ち込めるか、そのためにどうしたらよいかを考える。

価値提案（Value Proposition）とは何か。それは、顧客が他の企業ではなく、なぜこの企業を選ぶのかの理由となるものである。それは十分に考え抜かれたものであり、みんなが分かりやすいものであることが必要である。あなたの製品は問題を解決するのか、必要としていることを満足させてくれるのか、を示すのである。一つずつの価値提案には製品群（バンドルする製品）を考え、対象とする特定の顧客分類での要求に応えるもの、問題を解決するものでなければならない。

商品あるいはサービスが流通するときに、経験するいろいろなタイプの市場を見ていく。これは考え方を示すものであり、市場がどれだけ複雑なものであるかを知るものである。対象としている環境によって、市場には四つのタイプがある。

■クローン市場：顧客はだいたい分かっており、提供するものを地域やニーズに合わせローカライズする場合。
■既存市場：顧客が分かっていて、そのニーズも分かっている場合。
■再分類市場：顧客を想定し、まったく新規のものではなく、既存のものを改良して提供する場合。
■新規市場：誰も今まで提供したことがなく、顧客も知らない場合。

ビジネスモデルの中で、どうしても一方的な（不均衡な）部分は、あなたが価値を求める市場セグメントによって決められてしまう。いくつもある市場セグメントの中であなたが狙う市場セグメントがビジネスモデルに影響を及ぼし、どれだけ稼げるか、会社を動かすのに、どれだけコストがかかりそうかを決めてしまう。とにかく顧客がビジネスの重要なコントロールを握っている。顧客がなければ潰れてしまう。たくさんの顧客があれば、ビジネスは成功する。とにかく顧客が重要である。

では、市場の顧客はどのような要素によって分類されるのかを見てみる。表5-3に、市場のセグメントに影響する要素のリストを記載する。一般消費者向けの市場では、若者か高齢者か、男か女か、といった、人口統計による区分が可能である。毎日自転車に乗って仕事に行くか歩いて行くか、これらのことはどこに住んでいるかの地域要素に影響される。例えばハワイに住んでいれば、雪かき用のシャベルや雪を吹き飛ばす機械は役に立たないというように、地域要

表5-3　顧客分類の要素

一般消費者向けの要素 ◆人口統計 ◆地域要素 ◆心理学的セグメンテーション ◆行動パターンセグメンテーション ◆社会文化的セグメンテーション ◆上記5種類の組み合わせ
ビジネス向けB to Bでの要素 ◆ビジネスのタイプ ◆業種分類コード ◆ビジネスの規模 ◆財務上の力強さ ◆従業員の人数 ◆所在地 ◆組織構造 ◆営業成績

素が決めることもある。

心理学的セグメンテーションとは、心理学的に人々がこのような種類の製品を欲しがるかどうかということである。例えば、十代向けのポップ・メディアに関係した何かを売っているとしたら、若者は欲しがるだろうが、親の世代は違うだろう。行動パターンの要素によって、違った行動をしたり、文化的価値に合うかどうかで違った振る舞いをするかもしれない。これらの要素の組み合わせで分類されることもある。

ビジネスからビジネスに販売する、ＢtoＢと呼ばれる分野では、直接顧客に販売するのではなく、別のビジネスをしているところに販売する。だから、販売相手のビジネスがどのようなタイプなのか、販売相手が財務的に強固なのか、あなたが考えているような販売をできる規模かどうかが関心のあるところである。例えば六人しか従業員がいない会社の営業マンがやってきて、一〇〇万個販売する、と言われても、六人しかいなくて、どうやって一〇〇万個も販売できるのか、と疑問がわいてくる。だから、従業員数とか、場所とか組織とか、営業成績とかこれらは全て、市場セグメンテーションの分類要素となる。

顧客分類の実例を挙げて説明する。マス・マーケット（量産市場）、これは、顧客が広く同じようなニーズや課題を持っている場合である。例えば iＰｏｄが出てくれば、多くの人々は音楽を聞くために欲しいと思う、これが量産市場である。ニッチ市場、これは特定の顧客

写真５－１
大衆向け電化製品

写真５－２　UPS

を相手とするもので、例えば左利きの人を対象とする商品は、ニッチ市場といえる。他にも大学生だけを相手とするものや、農家だけを相手にするもの、特別な技能を持った人だけを相手にするといったものが対象となる。

いくつかのビジネスモデルでは、少し違うニーズや、課題を持つ市場セグメントを区別して対応している場合もある。例えば配送業社であるＵＰＳは、実際に二つのビジネスを持っていて、一つは貨物船、鉄道、航空機を使った商用運搬で、二つ目は個人の住宅からの運搬で道路を使った荷物搬送である。だから、彼らはＢ to Ｂビジネスと消費者相手とのまったく違ったビジネスをしている。また、非常に多様化した市場で、関連性のない顧客を相手に、その場のニーズや課題をチャンスとして対応している場合もある。アマゾンはその典型例で、何から何まで、食料品までも扱っている。今や多くの企業がこの分野で成功している。複数のプラットフォームで二つや、それ以上の顧客セグメントを持ち、それぞれのビジネスモデルがきちんと働くようにしている例もある。ＶＩＳＡカードなどが典型例である。

ターゲットとなる顧客分類が分かれば、次は潜在的な競争相手の製品をきっちり認識することが大事である。競争相手が顧客に何を提供しているかを理解することが重要で、競争相手が何者で何をしているかを知ることである。あなたがしなければならないことは、競争相手の製品に関連する情報の認識であり、競合の価格？　どんなサービスをしているか？　どこにいるか？　自分たちより速いか大きいか？　自分たちの到達しているところより進んでいるか？　誰が買っているか？　どのくらい前から競合相手が製品を扱って売っていたのか？　などである。競合相手のこれらの情報を自分たちの製品と比較してみる。顧客価値での比較、市場の違いがあるかどうか、どうやったら、市場の中で、競合相手に対して差別化できるかを考えることが大事である。

VPC分析

顧客分類の要素を考えながら、どのような顧客にどのような価値を提供できるかを、図5-8の価値提案キャンバス（Value Proposition Canvas）に記入する。このキャンバスは、アレックス・オスターワルダー、イヴ・ピニュール、グレッグ・バーナーダ、アラン・スミス共著の『バリュー・プロポジション・デザイン』（参考文献5-2）で紹介されたもので、この図の中に、製品やサービス、利益を生み出すものと、損失を和らげるものを書き込んでいく。損失を和らげるものとは、顧客にとって生活をより良くするものである。製品とサービスの欄はあなたの提供する製品あるいはサービスを記載する。この図では、あなたが競合相手より、より良く顧客に提供できることを記載するのであるから、明瞭に理解しや

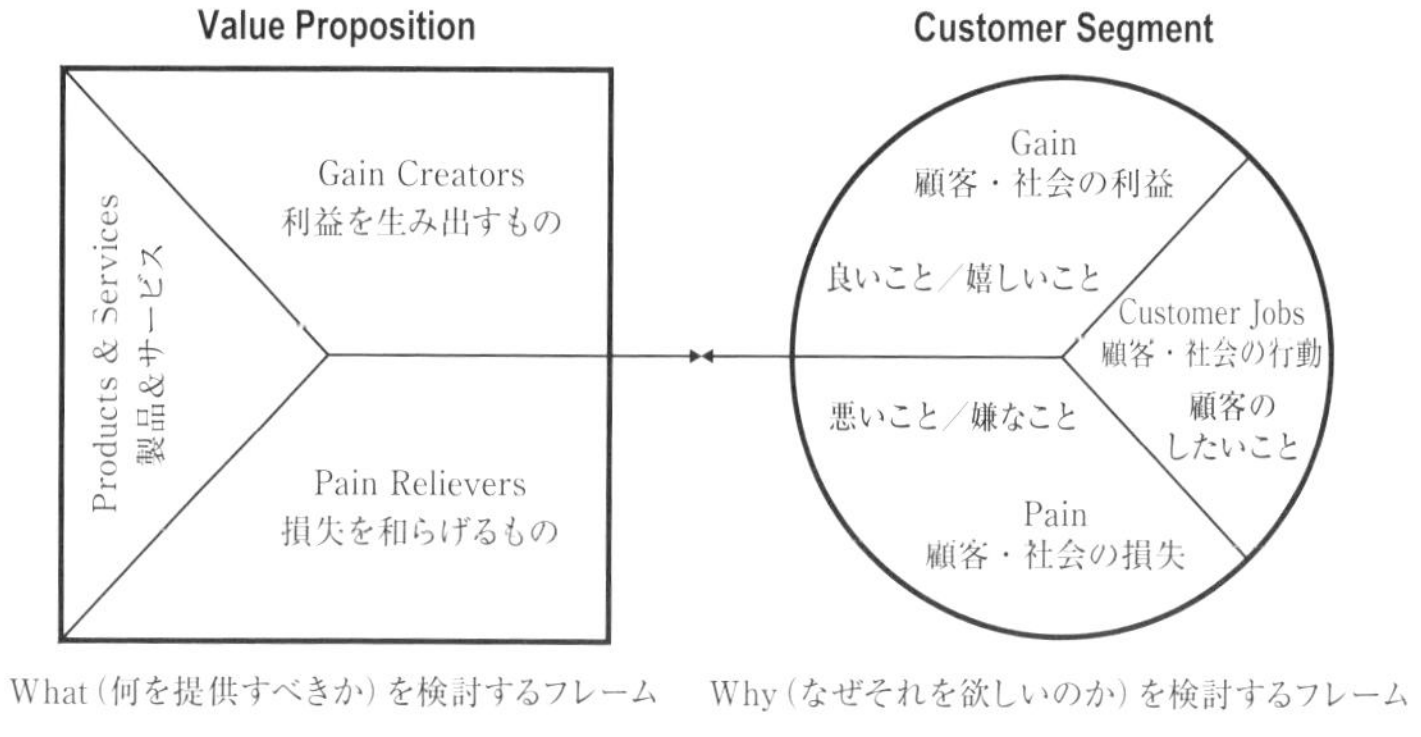

図5－8　価値提案キャンバス

すい内容で書くことが大事である。

顧客のしたいことの欄には、顧客があなたの製品やサービスで行動することを記載し、顧客の損失の欄は、あなたの製品やサービスの購入によって、その損失を止めることができるものを記載する。顧客の利益の欄は、顧客が得る前向きな結果を記載する。

次の一文があなたの顧客価値を端的に言い表している。

（私の会社）は（新しい製品）を開発し、
（これこれの顧客）が（問題を解決）することを助ける。

例えば、私の種まき機械は、農作業の効率を二倍にする新しい方法を開発し、人々の食糧コストを下げ、食糧が買えない人たちを助ける、という具合である。このように書けば、簡潔な表現で、あなたがしていることが正確に分かる。この内容は読めば、そのままピッチになり、あなたの会社のことを誰かに話すときには、最初に話す言葉として使える。何かジョークのようなことを言って注意を引きつけるよりも、この言葉のほうが良い自己紹介となる。

ビジネス・モデル・キャンバス

次に、ビジネス・プランをきっちり記述するためのフォーマットとして、アレックス・オスターワルダーとイヴ・ピニュール共著の『ビジネスモデル・ジェネレーション』（参考文献5-3）で紹介された、ビジネス・モデル・キャンバスを図5-9に示す。

このキャンバスは、何もないところからビジネスを始めるとき、どこに向かおうとしているかを考え記述するときに、特に役に立つ。このキャンバスに記入していくことは、さしずめ、キーパーソンとの対話のようなものであり、考えついたら、ポストイット®に書いて貼り付けてみる。例えば⑧のところにキー・パートナーの欄がある。農業機械の場合を考えてみると、キー・パートナーは農家だと思って、

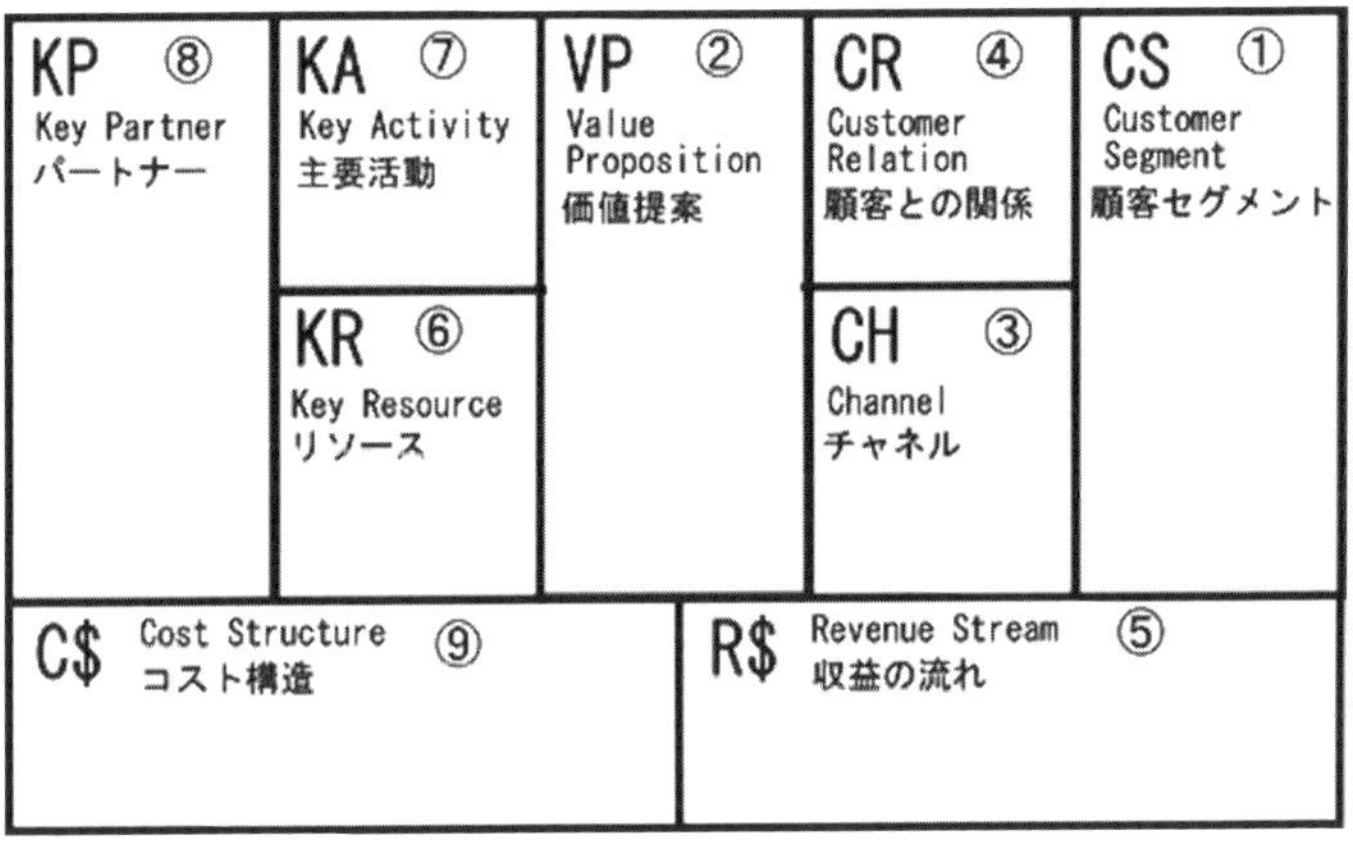

図5-9　ビジネス・モデル・キャンバス

農家と書いたポストイット®を貼る。次に顧客にインタビューをしてみたら、農家はこの機械を買わないことを突き止めた。大企業とか、農業法人は買うかもしれないが、農家自身は買わないことが分かった。そこで、新しいポストイット®に農業法人と記載して、農家と書いたポストイット®の上に貼る。このようにして、キャンバスのそれぞれの場所にポストイット®を使って埋めていく。これはちょうど、あなたの製品について考えていく過程、歴史のようなものである。このキャンバスを埋め始めた最初の欄とか二番目の欄に戻ってみたときには、一番上に乗っているポストイット®が何回か上書きした最後の内容になっている。とてもよく使われていて、非常に役に立つものである。

この図5–9のキャンバス上には九つのブロックがある。今までに、全てについて説明してはいないが、顧客セグメントについては、すでに話してきた。価値提案の欄は、必要とされるところへどうやって製品を届けるかである。顧客との関係は、どうやって顧客と会えるようにするかであり、収益の流れ、リソース、主要活動、パートナー、コスト構造と、これらの全てが分かるようになったときには、ビジネスが順調に進み始めているのである。

この九つの領域を順に見ていく。

①顧客セグメント

少し前に話したことだが、顧客分類によるセグメントの認識は、ビジネスモデルの要といえる。明確な顧客分類があるのか、共通のニーズや共通の行動はあるのか、その他の属性はあるのか、などを考えないといけない。誰のために価値を創造しているのか、誰が最も重要な顧客なのかを考え、特定の顧客ニーズをしっかり理解した上で、ビジネスモデルは注意深く設計されるものである。

②価値提案

どのような顧客セグメントにどのような利益を与えるのか、顧客のどのような損失を和らげるのか、どのようにして顧客の利益を増やすのか、この三つの領域で価値提案を考える。この中で一つの領域だけを対象に、例えば損失を和らげる項目だけをビジネスの対象としていると、特定の顧客しか相手にできないことになる。何か改良できないか、少しビジネスの内容を変えることで、三つの領域全てで何かできないか、じっくり考えてみる必要がある。

③チャンネル

チャンネルというのは、企業から消費者への、明確なコミュニケーションを、どうやって取るか、ということである。顧客のいるところで、製品についての内容を声にして届けるのである。単に、製品が存在することを教えるためだけでなく、あなたが特定したこの製品の価値を評価してもらうため、あるいは顧客にサービスの内容を知らせるために説明するのである。そして、あなたが考えた顧客分類の人たちが、どのチャンネルを通してあなたの説明が届くのを望むかを知ることが大事である。一般広告からか、ソーシャルメディアからか、直接のメールか、どのような手段で知らせてほしいと思っているかを知ることである。

④顧客との関係

起業を始めて、顧客に製品を出すようになると、製品を提供する顧客との関係を作らなければいけないことは当然である。顧客と関係を築くだけでなく、その関係を維持していくことがとても大事である。個別に関係を築くことになるかもしれないし、顧客を獲得するプロセスの中で関係が得られるかもしれない。また顧客との関係の維持が営業を伸ばすことにつながるかもしれない。大学生に何かを販売したいとすると、出かけて行って大学生の名前のリストを手に入れ、全ての学生に一斉にメールを送り、そのうちの何パーセントかは、やってきてコンタクトを取ってくれる、と期待できるかもしれない。また、どのような関係を顧客が期待するか、関係を構築するのにどれだけのコストが必要かも課題である。直接の関係を持ちたいと思っていても、一〇〇万人の顧客が相手では直接の関係を築くことはできない。助けてくれる代理人のような存在が必要になる。これはインスタグラムのようなものといえる。影響力のある、フォロワーの多い人（インフルエンサー）があなたの製品について書いてくれれば、多くの人が見て影響を受け、購入を推薦しているとみるだろう。仲介業者のようなものである。

⑤収益の流れ

もちろん収益を考えないといけない。一つずつの商品でどれだけお金を稼げるか、顧客が喜んでどれだけ払ってくれるか、これがしばしば大変難しい判断を必要とする。どのようにして起業当初に考えた事業の使命をビジネスに落とし込めるか、会社を超えた価値へと高められるかを考えるのである。

⑥リソース

キー・リソースというのは、あなたが誰を信頼できるか、誰が助けてくれるか、価値提案を実現するために何が必要かということである。流通チャンネル、顧客との関係、収益の流れのために何が必要かを考えないといけない。

⑦主要活動

次はキー・アクティビティである。キー・リソースと同じように、あなたの価値提案のために必要とされるものは何か、何をしなければならないか、流通チャンネルのため、顧客との関係のため、収益の流れを作るために必要な活動を考えないといけない。

⑧パートナー

パートナーについても同じで、ビジネスを進めるために誰をパートナーとすべきかを考える。製品を自分で製造すると、コストがかかりすぎることがあるかもしれない。そのときは確かな製造業者のところに行き、製品の製造のためのパートナーとし、製品を作るためのアイディアを与える。営業や流通についても必要なら外部を使うこともある。いろいろな方法があるが、パートナーを使うときにはあなたの収益の流れの一部を諦めるということになるのは、常に肝に銘じなければならない。

⑨コスト構造

これは製品にいくらのコストがかかるかを正確に知り、どのように値づけするかを考えることである。また生産規模を大きくしたときには、価格が大変重要になる。なぜなら、最初のプロトタイプのようなものは大変高価だが、次第にコストを減らすことが可能になり、みんなが買えるようになる。必要なコストは、主要リソース、主要活動や、主要なパートナーを明確に定義することができた後であれば、比較的簡単に計算できるはずである。あなたのビジネス・モデルに固有のコストの中で、どの部分が最も重要かも考えよう。

今回は、ベンチャー・ビジネスを立ち上げる際に、最も重要な項目を説明してきた。次回の最終回は、世界各地でのイノベーションの状況や、スタートアップ企業の状況などを少し見てみよう。

第6講

イノベーション特区
——イノベーション・エコシステムの進展——

いよいよ最終回になる。今までの講義で、イノベーションの歴史、生活に与える影響、イノベーションを起こす原動力となるための心構えや、イノベーション・エコシステムについて話してきた。今日は、世界中のイノベーション・エコシステムの状況、最近の動きについて述べる。

まず表6-1を見てほしい。これは、世界中の大都市のイノベーション・ランキングとしてオーストラリアのコンサルタント企業“2thinknow”が発表している、二〇一九年のランキング三十位までを示している。このランキングは、建物、デザイン、教育、商業、インフラ、国際交流、環境、メディア、産業、雇用、ITネットワーク、スタートアップ、投資、市場、大学、メディアや、雇用など一六〇もの項目で都市をランキングしたものである。イノベーションが主導する経済では、近接すること、まとまっていることが、知識の波及にとても有

表6－1　イノベーション都市のランキング　2019年

順位	都市圏	スコア	2014-2018年平均ランク	2014-2018年からの変化	地域	都市圏の人口（千人）	面積（km²）
1	New York	59	4	3	北米	20870	12093
2	Tokyo	58	7	5	アジア	37977	8230
3	London	57	2	－1	欧州	10979	1739
4	Los Angeles	56	12	8	北米	15402	6351
5	Singapore	55	12	7	アジア	5745	523
6	Paris	55	8	2	欧州	11020	2845
7	Chicago	55	17	10	北米	9014	7006
8	Boston	55	5	－3	北米	7302	9538
9	San Francisco-San Jose	55	3	－6	北米	6425	2872
10	Toronto	54	10	0	北米	6871	2300
11	Melbourne	54	24	13	オセアニア	4539	2705
12	Berlin	53	15	3	欧州	3972	1368
13	Dallas-Fort Worth	53	30	17	北米	6830	5279
14	Seoul	53	10	－4	アジア	21794	2768
15	Sydney	53	15	0	オセアニア	4578	2179
16	Seattle	53	15	－1	北米	4017	3264
17	Houston	52	33	16	北米	6406	4930
18	Atlanta	52	38	20	北米	5361	7400
19	Washington DC	52	27	8	北米	7518	5281
20	Miami	51	37	17	北米	6144	3313
21	Barcelona	50	32	11	欧州	4588	1072
22	Montréal	50	30	8	北米	3625	1294
23	San Diego	50	40	17	北米	3200	1916
24	Philadelphia	50	34	10	北米	5684	5430
25	Vienna	50	10	−15	欧州	1809	338
26	Beijing	50	39	13	アジア	19433	4172
27	Munich	49	14	−13	欧州	1928	482
28	Madrid	49	53	25	欧州	6026	1365
29	Milan	49	44	15	欧州	4907	1881
30	Amsterdam	49	11	−19	欧州	1140	316

（出典：2thinknow）

利であり、その上に都市が持つ建物などの物理的資産や多くの大学が集まっていることなどから、近年、特にイノベーションに対する都市の持つ優位性が評価されている。アイディアを持つ人が、アイディアをより現実的なイノベーションに発展させるためには、同じようなアイディアを持った人との交流、近くにある有力大学との交流が、その道を開くと思われる。また実際、ビジネスに育てるためには、ビジネスを始めることが得意な人材、経理や財務が分かる人材、特許を出すための知的財産の知識を持った人材など、多くのいろいろな分野の人材が集まっていることが有利であり、これも、大都会のメリットである。しかしながら、メリットがあるといっても、何らかの方策を取らなければ、表6-1の上位にはランク入りしないはずである。

表6-1を見ると、イノベーションのメッカであるシリコンバレー（San Francisco-San Jose）より上に、名だたる大都市が並んでいる。また表6-2には、米国商工会議所財団から発表されている、スタートアップの起業に最適な都市、二〇一七年の米国内のランキングを示している。ここでも、大都市が名前を連ねている。これらの大都市では、主に二〇〇八年のリーマン・ショックに続く不況が引き金となり、これからの都市経済を支えるのは、イノベーション主導型の企業を発展させるしかない、との認識からさまざまな計画が実行されてきた。〝イノベーション地域〟という言葉自体が、これらの都市を中心として、さまざま

表6－2　米国内都市でのスタートアップの起業ランキング

2017年順位	都市	2016年からの変化	2017年順位	都市	2016年からの変化
1	Boston	0	11	Denver	－8
2	Bay Area	0	12	Pittsburgh	＋2
3	Philadelphia	＋5	13	Raleigh-Durham	－9
4	San Diego	＋1	14	Chicago	－2
5	Austin	＋1	15	Los Angeles	－8
6	Atlanta	＋15	16	Nashville	－2
7	Dallas	＋12	17	Baltimore	＋1
8	Seattle	＋3	18	Salt Lake City	－1
9	New York	＋1	19	New Orleans	＋6
10	Portland	＋2	20	Miami	－1

（出典：米国商工会議所財団発表のInnovation that Matters 2017）

な計画が実行されていく中で、最近になっていわれるようになったものである。イノベーション地域のランキングに入っている、都市を中心とした地域では、それぞれの地域の特長を活かした施策が実行されている。先導的な機関や最先端の企業を中心として、インキュベーター、新しく開発した住宅地域、事務所用の建物や、小売業などを配置し、クラスターを形成することでイノベーション地域を形成している都市もある。また、起業家が働くのに必要なスペースを提供したり、製品コンクールの機会、技術的な支援・指導を行うなど、企業、大学や支援機関とのネットワークを十分に活かした活動をしている地域もある。そこでは、イノベーションを起こそうとしている企業がその場所で活動したいと思えるようにしたり、創造性のある優秀

写真6－1　ベル研究所
（出典：Ckaack at German Wikipedia）

な人たちがそこに住んで仕事をしたいと思えるように、そのような新しい未来像を見せている。学際的な機関、パートナー、顧客、ベンチャー・キャピタル、そしてスタートアップ企業と、広範囲での知識集約型のグループの形成に力を入れている地域もある。ネットワークを通じてどこででも入手できる「情報」と異なり、学習や経験を必要とする「知識」は、クラスターのように、学ぶ相手が近接していることが重要な意味を持つ。米国の主要な大学が大都市圏の都心に位置していることが、大都市での、知識集約の機会を大きくするのに有利に働いている。二十世紀には、郊外に大規模な敷地を構え、内部での研究者交流を重視し、知的財産保護をも考慮した研究所や企業があった。ニュージャージー州のベル研究所などはその典型である。現在では、知識主導型の研究が進み、3

Dプリンタなどのテクノロジーの進化によって、小規模の製造業がイノベーションの現場近くに存在できるようになったことも、大都市を中心とするイノベーション地域の発展に寄与している。

このようにして、米国の都市や大都会の中に、複数のイノベーション主導型の地域が現れている（参考文献6-1）。これからこれらの都市の中で特徴的な地域について、最近の動きと現状を説明していく。なお、表6-1に示す地名は、大都市単独ではなく、郊外や近隣地域など、その圏内に入る地域を含めたものである。

ボストン

四十－五十年前には、東のシリコンバレーと呼ばれ、ボストン近郊の一二八号線“Route 128”沿いに、DEC, Data Generalなど当時最先端のミニコンピュータを製造するベンチャー企業が並んでいた。その後、それらの企業が大企業に発展したことで起業家精神が低下し、さらにミニコンピュータの時代が終わるとともに、イノベーションを起こす力としてのボストンの地位が低落していった。しかしその後、マサチューセッツ工科大学（ＭＩＴ）に隣接するケンダール・スクエアに、ケンブリッジ・イノベーション・センター（CIC）というインキュベーション・センターが一九九九年に設立され、多くのベンチャー企業を育て、今では、世界最大級のスタートアップ育成の地となっている。このことが表6-2で、ボストンがランクで一位に入っていることにつながっている。さらにMITが所有する敷地内に、不動産業者が中心となって、生命科学などの研究場所の大々的な拡充が行われ、今日のケンダール地区が生まれた。ケンダール地区の生命科学およびIT企業や研究所の集積度は、〝地球上でイノベーションが最も集積した平方マイル〟と呼ばれるようになり、グローバルに活動している製薬会社十三社やフェイスブックなどの大手IT企業も拠点を構えている。

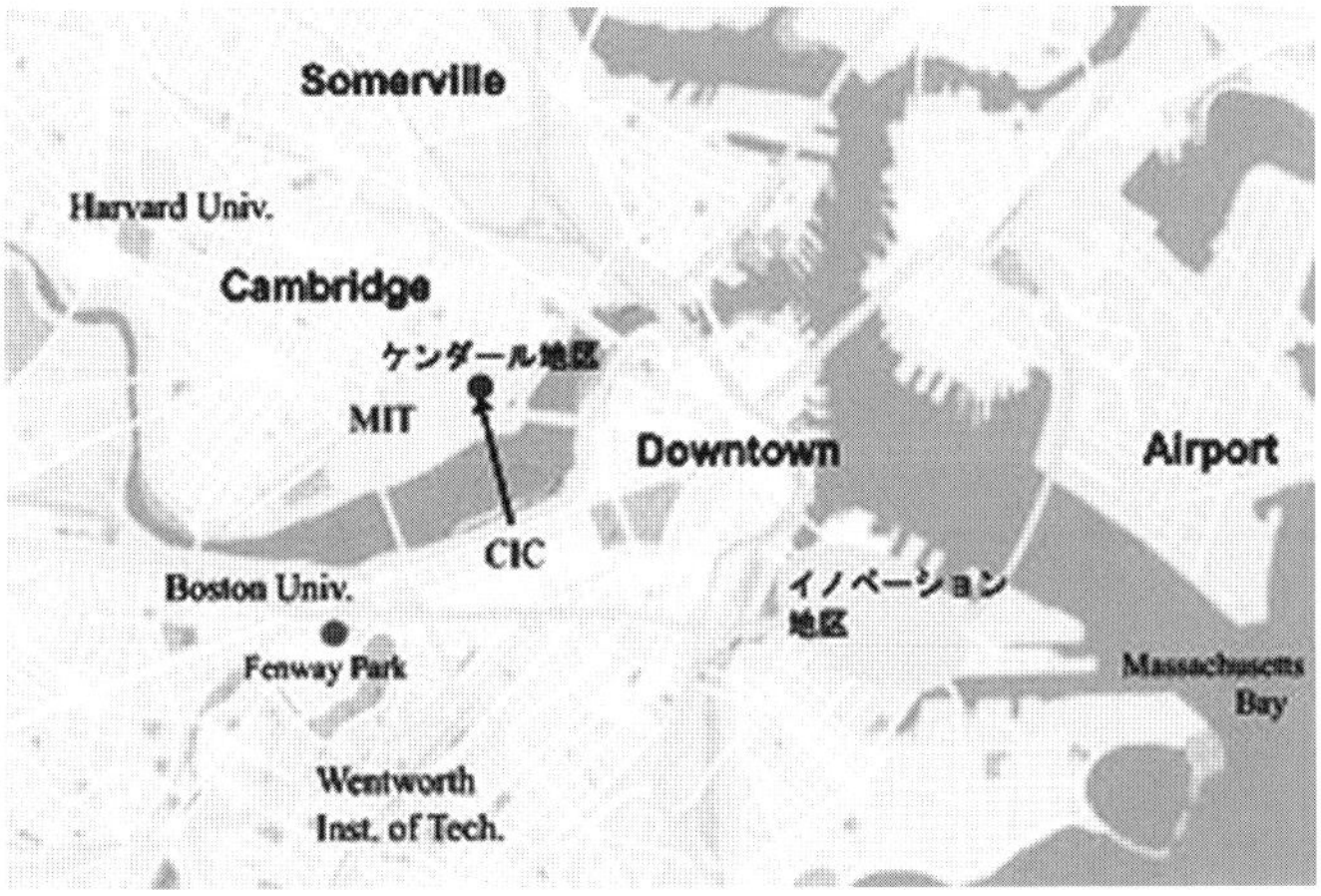

図6-1　ボストン-ケンブリッジのイノベーション地域
（地図出典：Google Map）

さらに、二〇一〇年以降ボストンは、市のウオーターフロント地域を、イノベーションが起きるセンターに変身させるために、いくつもの施策を行っている。起業家やスタートアップの競技会を行う、世界的に有名な企業Mass Challengeを誘致し、イノベーション・エコシステムを目指した。また、住居の拡充を行い、製造業に限定せずに先進的な企業の誘致を行った。これによって、このイノベーション地区に二〇〇以上の新規ビジネスが生まれ、特に半径一・五キロ以内に大小一二〇社のバイオメディカル企業が集積し、まさしくライフサイエンス・クラスターを形成するイノベーション地域として発展した（参考文献6-2）。

ボストンが、MITのあるケンダール地区を頼みの綱、アンカーとして発展してきたように、

写真6-2　ウオーターフロント地区
（出典：Pixabay by MAW Northwest）

同じようなモデルで発展してきた都市は、他にも見ることができる。第3講で説明したサンディエゴは、生物医療科学が専門のスクリプト研究所（The Scripps Research Institute）、生物医学系のソーク研究所（Salk Institute for Biological Studies）、基礎生物学のサンフォード・バーナム・プレビス医学研究所（Sanford Burnham Prebys: 略称ＳＢＰ）と、カリフォルニア大学サンディエゴ校を中心とし、その周辺にバイオベンチャー・クラスターができている。セントルイスは、セントルイス・ワシントン大学、バーンズ＝ジューイッシュ病院、セントルイス大学を中心として発展しようとしている。

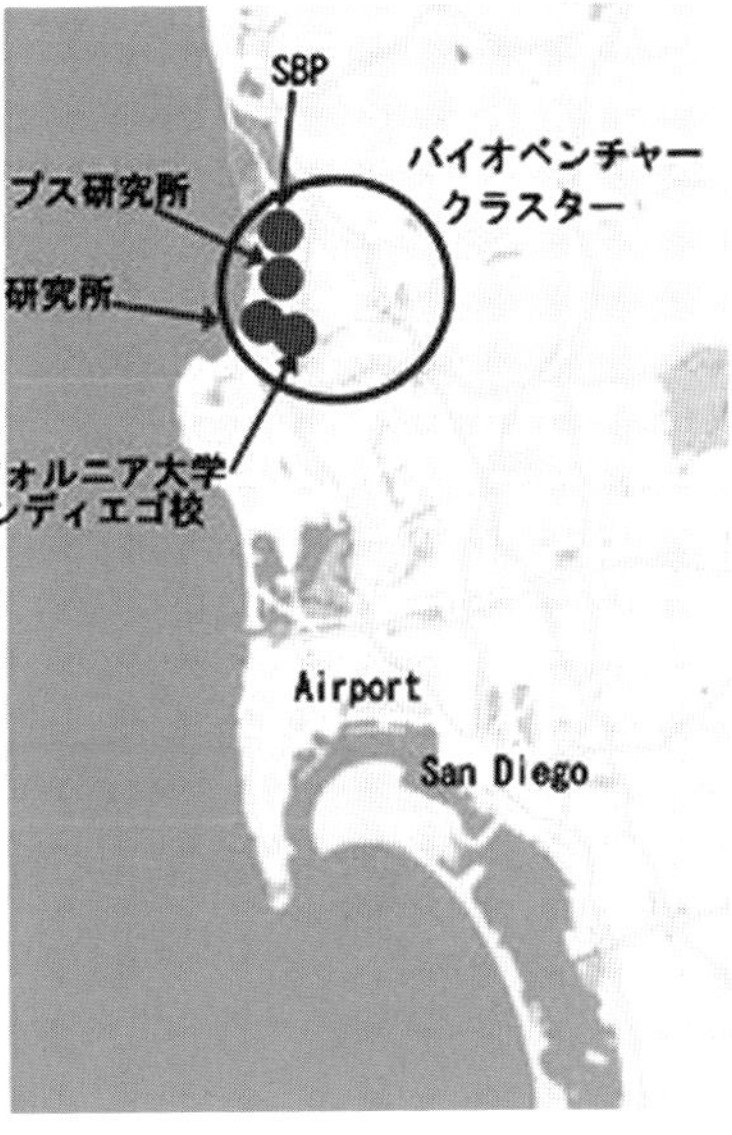

図6－2　サンディエゴ
（地図出典：Google map）

バルセロナ

次に、表6-1の中で、欧州地区のロンドン、パリ、ベルリンの大都会の次に挙がっている、バルセロナについて述べる。バルセロナは人口約一六〇万人、近隣の経済圏を含むと約四八〇万人の、現在ではスペイン最大の経済都市になっている。

一九八六年にはインキュベーション・センターとして、「バルセロナ・アクティバ」が行政により設置され、スタートアップ企業や起業家に多大なリソースを提供し、何千人もの技術者などにトレーニングとキャリア・サービスを提供している。その施設内には、一一五のスタートアップ企業が入っている。

その後、一九九二年にオリンピックが開催され、

写真6-3　バルセロナ市内　左側が@22地区
（出典：Pixabay by Tibor Janosi Mozes）

都心の東側、繊維産業の移転跡地として残っていた空き地の一部が、オリンピック村として活用された。この地区を、オリンピックの開催後に、職住近接のイノベーション主導型の産業地区「コンパクト・シティ」とするべく、二〇〇〇年に行政により再生プロジェクトが開始された。その後「@22地区」と名付けられ、イノベーション地区として多くの都市の見本となっている（自称イノベーション地区の第一号はバルセロナともいわれている）。ボストンとは違った形で、行政主導で公的資金、民間金融、企業からの投資などによって多くの資金が投入され、二〇〇ヘクタールの土地に、オフィスと住居とオープンスペースが次々に開発された。当初の製造業中心の計画を変更してサービス業までの広範囲な産業を対象とし、メディア、IT情報、バイオおよび医療技術、エネルギー、デザインおよび建築の五つのクラスターが設けられている。経済開発から始めるのではなく、まず生活基盤を主体として開発が進められたことが実を結び、この十年間で四五〇〇もの企業が定

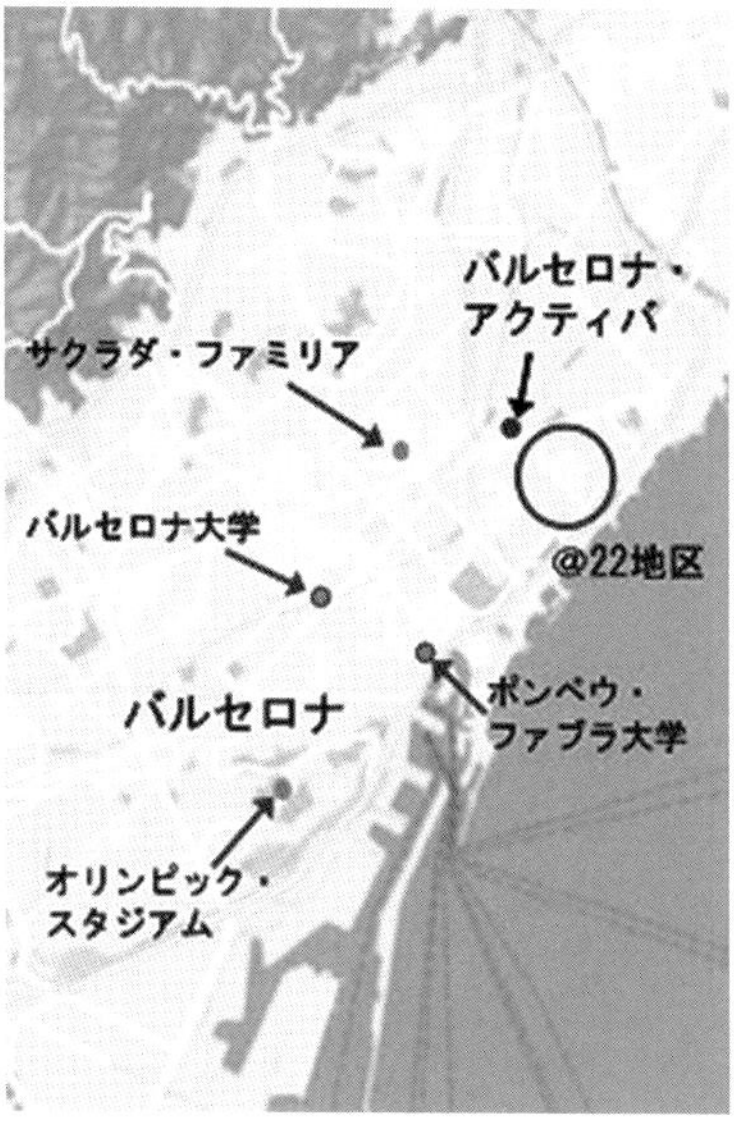

図6－3　バルセロナ@22地区
（地図出典：Google Map）

着し、新しい知識の創造とイノベーションを生み出す地区となった。また、バルセロナ・アクティバとの連携により、バイオ関連など多くの分野での起業家支援を行い、七十％のプロジェクトがビジネスへと発展した。その他にも、産学官連携のシンクタンクとして、バルセロナ・メディア財団が、ポンペウ・ファブラ大学を中心に設置され、メディア分野を中心に活力を与えている。

二十世紀後半にはいくつかの都市で、製造業地区、商業地区、オフィス地区、住宅地区に分けた開発が行われたこともあったが、現在のイノベーション地区開発においては、都市計画のルールを見直し、統合的な考え方が求められている。労働者が都会で得られる生活を求めていること、近接することで、知識の伝搬の可能性が出ることを考えた計画である。バルセロナの例は、行政主導での成功例として、多くの都市がその要因を見習おうとしている。もちろん都市計画だけでは、イノベーション地区の興隆は生じない。スタートアップ企業向けのベンチャー・キャピタル、小規模ビジネス向けの中小企業金融、住宅建設業者、銀行や、節税を目的にお金を動かす投資家が集まってくることが必要となるし、さらには芸術活動などにはクラウド・ファンディングが必要になる。イノベーション地区では多方面からの資金調達を必要とするので、そのための行政手腕も必要である。

デトロイト

第3講で、凋落著しい街の例として取り上げたデトロイトは、その後どうなったのか。自動車産業の衰退により「錆のベルト地帯（Rust Belt）」の中に位置づけされ、人口が減少し、人種不和に悩み、財政破綻、政治的機能不全に直面し、さらには無政府状態に近いものとなっていた。二〇一三年七月にはついに財政破綻状態が明確になったが、その少し前から、市長の先導のもと、一般市民、非営利団体、慈善活動団体などからなる、デトロイト・ワークプロジェクトが開始された。市内の多くの空き地をどのように活用するかを考え、さらにはミシガン州の州道一号線上を走る、路面走行電車"MI-RAIL"（約五・五キロ）が計画された。財政の悪化したデトロイトでの膨大な建設費用は、多方面からの資金に加え、クレスゲ財団（The Kresge Foundation）やフォード財団からの資金によって実現することになった。自動車の発展を支えてきた街が、今や自動車を超えて、二十一世紀の交通手段へと変貌しているのである。さらに、全米第一位の住宅ローン会社"Quicken Loans"がデトロイトの中心部に移転したことが大きな波及効果を起こした。他のいくつかの大企業が中心部に移転し、米国の健康保険会社連合体のＢＣＢＳも移転してきて、多くの労働者が移ってきた。住宅が仕事を生むのではなく、まさに仕事が住宅を生むことになった。

デトロイトでは、行政が先頭に立ち、一般市民や民間の財団などを巻き込み、地域コミュニティが復興し、雇用が生み出されただけでなく、道路清掃や街路灯が復旧し、この十年で見違える街になったのである。

いくつかの都市の動向を述べてきた。二〇〇八年のリーマン・ショック以来、米国の主要都市、さらには世界中の都市で、これからの発展にはイノベーション主導型の企業を増やすことであると認識し、いろいろな手段で取り組んでいる。従来からあったような、インキュベーション・センターだけではイノベーションを呼び寄せるには不十分で、スタートアップ企業を十分に支援できるような、会社運営、経理、知的財産など多方面のメンタリングを行うことや、製品やサービスなどの新事業が競争できる場を作ることなどが行われている。米国の都市での都市圏改革には破壊的な活動も含んでおり、大変大きな変化にもつながっている。イノベーション地区は、物理的、社会的、経済的そして技術的に新しい形や組み合わせを結び付けるものであり、二十世紀には普通だった考え方から脱却しないといけない。スポーツ競技場や、コンベンション・センターのようなものを作ることや、芸術施設、郊外住宅、ショッピング・モール、隔離された企業敷地といった考え方から変わっていくことである。

これで、今回の六回の講義を終わる。学生の皆さんに刺激を与えることができ、「イノベーションへの道」を進むことに役立てばうれしい。日頃からアイディアを考え、熱意と努力を怠らなければ、アイディアをイノベーションに発展させることが可能になり、起業家への道が見えてくる。

皆さんは、新しいアイディアを使って、日本で起業の第一歩を踏み出すことを考えているのだろうか。日本で第一歩を踏み出すことに成功したならば、米国などでイノベーション地区を発展させている街を訪れ、是非その息吹を感じ取ってみてほしい。

〈参考〉

ニューメキシコ大学と大阪府立大学との軌跡とビジネスプラン演習

ニューメキシコ大学
技術移転兼経済開発事務所　星　エリ

近年、グローバル化が発展し、市場ニーズの多様化、ＩＴのコモディティ化、新興国の台頭などを背景に、さまざまな分野における技術革新が起こり、イノベーションが創出され、今まで見たことのないような未来を迎えようとしている。一方で、大学や国立研究所などで行われている多額の研究費と年月をかけた研究開発から創出されるイノベーションをサステイナブルに世の中で商業化して、新たな未来や社会を創出していく期待が高まっている。今後の社会において、日本のみならず世界中の大学の使命の一つとして、研究開発型スタートアップを創出するための商業化プログラムを整え、地域に還元できるようなイノベーション・エコシステムを形成し、経済開発、高度な雇用創出に寄与するためのプログラムを整え実施していくことが急務である。

私の母校であり、十二年間勤務している米国ニューメキシコ大学の技術移転兼経済開発事務所、UNM Rainforest Innovations 社は、ディープテックスタートアップ創出のための技術移転プログラム、学生起業家を育てるアントレプレナーシップ教育部門、イノベーション・ハブを形成し地域経済へ貢献する経済開発部門、そして国際プログラムが使命である。二〇〇八年にさまざまな出会いを通じ、技術移転について、リサ・クッチラ社長のもとで学ぶために渡米した日本人の私をニューメキシコ大学は温かく迎え入れ、まったく新しい経験とたくさんの知識を得ることができた。本書の著者であるロバート G フランク氏との出会いは、二〇一二年にフランク教授がニューメキシコ大学総長に着任し、経済開発部門を創出、クッチラ社長が、経済開発部門長に任命されたときである。私は、二〇一二年に新設された経済開発部門に配属され、経済開発マネージャーとして、イノベーション・ハブを構築するため日々ブレインストーミングとプレゼンテーションと会議の嵐を経験した。

フランク総長のリーダーシップのもと、米国のイノベーション都市の視察や、アルバカーキ市の特徴の分析、またニューメキシコならではのイノベーション・エコシステムを形成していくために辿り着いたレインフォレスト・モデルによるイノベーション・ハブ、Innovate ABQ 社の立ち上げと現在のオフィスのある Lobo Rainforest Building の構想から資金調達、着工から完成まで、実にたくさんのことを学んだ。フランク総長の在籍五年間での目覚しい改革がなければ、今のニューメキシコ大学はなかったでしょう。現在、UNM Rainforest

Innovations 社は、技術移転業界において、全米でトップ十二位にランクインする成功を収め、二〇二〇年度のライセンス収入は、五十三億円という記録的な成績を収めている。ちなみに、日本にある全部の大学のライセンス収入を合わせても四十億円に届かない。大学発スタートアップ数も一四〇社を超え、アメリカの地方都市におけるイノベーション・エコシステムの成功事例となる日も近いと考える。

　フランク総長が経済開発の他に打ち立てたビジョンの一つは、国際プログラムの構築であった。マイノリティが多数在籍する、ニューメキシコ大学の三万人の学生に少しでもインターナショナルな文化を学んでほしいとの思いから、メキシコや中国にオフィスを立ち上げ、私は国際事業マネージャーとして、日本との連携役になった。二〇一四年にはフランク総長率いる使節団十一名で日米スマートグリッド実証実験の発注先

写真１　ニューメキシコ大学と大阪府立大学との大学間協定

である経済産業省とＮＥＤＯなどを訪問し、二〇一六年には、文部科学省「ＥＤＧＥプログラム」のコラボレーションにより、大阪府立大学と大学間協定を締結した。

国際事業マネージャーとして日本でのネットワークを広げている際に、大阪府立大学の松井利之教授との出会いがあり、二〇一五年から文部科学省ＥＤＧＥプログラムの一環として、国際的な舞台で活躍できる起業家を育てるためのビジネスプラン演習を始めた。このプログラムは、大阪府立大学の学部生、院生、博士課程、助教授、教授を対象とした、ニューメキシコ大学での一週間の現地プログラムである。

（1）ニューメキシコ大学のビジネススクールの先生からの講義
（2）大学の実際の授業への参加
（3）受講生の研究分野に関連する研究室の訪問（ラボツアー）
（4）技術移転オフィスのスタッフによる、知的財産、商業化プロセスの講義
（5）受講生の考えたビジネスプランのブラッシュアップ演習

などが行われるが、中でもビジネスプランを自ら考えることは、日々研究室で研究に明け暮れている理系の学生に、研究の出口を少しでも考える良い機会となっている。どうやったら

自分の研究が社会実装されるのか、応用されるのか、どんな問題を解決するのか、なぜこの問題を解決するための研究をしているのかなど、ビジネスを立ち上げたCEOとして、UNM Rainforest Innovations 社社長、投資家や教授の前で五分間のピッチを実践する。実際にこのプログラムに参加した三名の受講生が日本で起業し活躍しているとの知らせにとても喜んでいる。

https://innovations.unm.edu/japanese-university-students-pitch-their-ideas-at-the-lobo-rainforest-building/

グローバルな情報社会の中でイノベーションを創出し、国際的な起業家として成功していくためには、人と人のつながりが何よりも大事である。どんな人に出会えて、どう助けを受け、どのように指導して導いてくれたか、手を差し伸べてくれ

写真２　2020年受講生

たか、ロールモデルと呼べる人に何人出会えるかがとても重要である。本書の元となった、フランク氏のイノベーションへの道の講義を改めて聴講してみて、二〇一二年からの道のりを振り返ることができた。フランク氏のイノベーションへの道の講義、そして本書が、日本にとって、また大阪にとって、堺市にとってユニークなイノベーション・エコシステム創りの推進に役立つことを期待する。

あとがき

文部科学省「ＥＤＧＥプログラム（グローバルアントレプレナー育成促進事業）」への採択を契機に、大阪府立大学とニューメキシコ大学との連携が開始され、早くも八年余りが経過した。数々の交流事業を通して、本学学生、教員が個々に学びを得たばかりでなく、大学が地域社会や企業とどのように関わっていくべきかなど多くの示唆を得ることができた。まずは、ロバートＧフランク元総長をはじめとするニューメキシコ大学の皆様、UNM Rainforest Innovations社（ニューメキシコ大学技術移転兼経済開発事務所）のリサ・クッチラ社長以下、全てのスタッフの皆様、特に国際事業マネージャーの星エリ氏に厚くお礼を申し上げたい。

本書は交流開始当時のニューメキシコ大学総長ロバートＧフランク氏が二〇二〇年一月に本学大学院カリキュラムの一環として開講した講義録であると同時に、ニューメキシコ大学がアルバカーキ市と深く連携し、イノベーションを基軸として地域の経済発展に地域の大学としてどのように関わり、成功を収めたかを詳述した記録でもある。スタートアップ企業などを核にした地域経済の発展については、統合イノベーション戦略二〇二〇にも強く謳われているところであり、COVID-19による影響も含め社会がドラスティックに変化している今日、新しい社会価値の創造について、地域社会から大学への期待や要請が一段と大きくなる中で、ニューメキシコ大学とアルバカーキ市の成功モデルから多くの重要な示唆が得られるものと考えている。

新たな知を創造し社会実装すること、さらにそれを国際展開しＳＤＧｓの実現を図ることが世界共通の課題となっている今日、その実現に向けて知識集約型社会に対応する地域イノベーション・エコシステム構築を目指す大学・自治体・企業などにとって本書が何らかの指針となるようであれば幸いである。

大阪府立大学副学長
（人材育成教育担当）　松井　利之

訳者あとがき

本書の元となった、フランク教授の集中講義に出席した。全部の受講はできなかったが、内容の素晴らしさに感銘し、もっと多くの日本人の学生にこの内容を学ぶ機会を与えたいと強く思うようになり、講義の主催者で、担当教員である松井利之教授に相談し、翻訳本を出版することになった。

街の書店では「イノベーション」とか「起業家精神」に関する本をたくさん見つけることができるし、ネット上には同様の情報が溢れているが、その中にあって本書は、いくつかの特色ある内容を教えてくれる。まず一つは、イノベーションという言葉の西欧での歴史・変遷を古代ギリシャから辿って説明していることである。技術革新という訳語が災いして、日本ではイノベーションが往々にして技術偏重になっており、新しいアイディアに基づく流通や、顧客と市場とを結び付ける新たな仕組みなどで成功する企業を輩出できていない。一九七〇年代から日本でイノベーションという言葉がいわれ出したことに比べ、西欧の歴史についての講義を聞くと、「ちょっと昔まで、イノベーションは悪者だった」という刺激的な言葉に代表されるように、神学、社会学、政治でのイノベーションの歴史があり、技術偏重でないことが分かる。イノベーションは、新規性の高い技術を基盤にして生み出されるとは限らないことが、歴史を学ぶことで納得でき、発明・発見がなくともイノベーションに到達できることを教えてくれる。

二つ目は、イノベーターになるには特別な才能を持っている人、周りの環境に恵まれている人でないとなれないわけではなく、必要なスキルを学び、熱意と努力があれば、誰にでも道が開けていると明言していることである。自分にアイディアがあれば、簡単な試作をするとか、少量で市場の反応を見るとか、いろいろな人にインタビューするなどの「実験」を早期に行い、結果が予測と違っていればさっさと撤退して、次の実験に向かう。この「素早い実験と素早い失敗」による経験がイノベーション、そして起業に結び付く王道である。そして、このような実験を行うことが最も容易な環境にいるのは学生であり、学生をイノベーションの主役に育てることによって、大学がイノベーション・ハブの育成に寄与できる。スタンフォード大学Dスクールでの学生育成の歴史を説明し、教育の環境・指針を詳しく説明している。また、イノベーションを市場に出すためには、チームによる活動が必須となり、その際に重要なこととして、さまざまな専門性の違うチーム員の中での意思疎通を図るための「通訳」の存在が大切であることも力説している。もちろん、起業するためのスキル、プロセスについての説明にも詳しい。

三つ目は、米国での最新の調査研究をベースにした講義として、イノベーション地区として近年脚光を浴びている都市の特徴を述べるとともに、イノベーション地区としての発展が、その地区のあらゆる業種に繁栄をもたらしていることをデータで示している。また、イノベーション地区としての発展が、必ずしも有力IT企業の進出や政府・自治体の支援だけによるものではなく、研究型大学と自治体との連携が起爆剤となりうることを述べている。また、現代にあっては、ITや製薬、新規のサービス業などがイノベーションの主役になりつつあることも示している。一時期精彩を欠いていたシカゴ地区の発展、サンディエゴの変貌、欧州で注目されているバルセロナなどを紹介しているが、これらの都市には日本から自治体などの調査団も訪問している。

そして四つ目は、著者の地元であるアルバカーキ市のイノベーション・ハブ育成への指針とした「レインフォレスト・モデル」の紹介である。多くの人材が集まっていることで、「知識の滲み出し、拡散」が生じ、これがイノベーション発生に大きく寄与する。すなわち、公式非公式のコミュニケーションとなる「衝突」が頻繁に起きること、新しいビジネスを始めるために必要な人材が集まっていれば、素早く必要な人材や資源を集められること、こういった環境を整えるには、技術や経営や財務だけでなく、知的財産、不動産、営業、マーケティングなど実にさまざまな人材が集まってくる素地をいかにして準備するのかである。周りに起業家を目指すエネルギー溢れる人たちが集まってくると、意欲の伝搬も起きる。ネットワークを使ってコミュニケーションは容易に図れると思いがちだが、ネット上では早期に相互の信頼関係を築くことが難しく、インフォーマルな会合などの場を提供する組織やキー・パーソンの存在もやはり重要である。イノベーションの創生には、さまざまな背景を持った多様性のある集団の形成が重要といわれているが、その中ではお互いを公平に扱い、信頼関係を早期に築くことも重要な要素となる。このような指針を基本に、「レインフォレスト・モデル」にしたがって、アルバカーキ市でのイノベーション・ハブの形成が順調に進められている。

今回の講義が特色あるものになっているのは、地元のアルバカーキ市にイノベーション・ハブを創生したいという、著者の熱意と愛情、総長時代からの長年のイノベーション・ハブ育成・促進のための経験と、臨床心理学を専門とする著者の、イノベーターの心理や信頼関係構築などへの洞察力が生きているものと考える。

特色ある本書の内容が、イノベーターを目指す学生、企業の中で研究開発に携わっている若手研究者や、起業することへの関心を持っている人たちの参考になることを期待する。

最後になりましたが、本書の出版にあたり、大阪公立大学共同出版会の児玉倫子様、川上直子様に大変お世話になりました。また、本書のためにイラストの作成を末岡由実子様にお願いしました。心より謝意を表します。

なお、本書に出てくる、レインフォレスト・イノベーションズ社については、下記のサイトで詳細を知ることができる。

UNM Rainforest Innovations

https://innovations.unm.edu/

また、著者のフランク教授が総長時代にメディアで話した内容が下記にアップされている。

https://innovations.unm.edu/president-frank-presents-innovate-abq-initiative-to-regents/

酒井　俊彦

参考文献

第1講

（1-1）Richard Swedberg, Joseph A. Schumpeter 著『The Economics and Sociology of Capitalism』
Princeton Univ. Press 1899.1.1（邦訳なし）

（1-2）Godwin, B. 著『How Innovation Evolved from a Heretical Act to a Heroic Imperative. In Wisnioski,』
M., Hintz, E .S., & Klein's, M. S.（2019）. Does America need More Innovators?
Smithsonian Institution, 141-164.

第2講

（2-1）Tina Seelig 著『inGenius――A Crash Course on Creativity』 HarperOne 2012.4.17
邦訳『未来を発明するためにいまできること－スタンフォード大学集中講座Ⅱ』 阪急コミュニケーションズ 2012.6.9

（2-2）Jeff Dyer, Hal Gregersen, Clayton M. Christensen 著『Innovator's DNA, Updated, with a New Preface: Mastering the Five Skills of Disruptive Innovators』
Harvard Business Review Press 2019.6.4
邦訳『イノベーションのDNA 破壊的イノベータの5つのスキル』 翔泳社 2012.1.18

（2-3）James Surowiecki 著『The Wisdom of Crowds』 Anchor Books 2004.5.25
邦訳『「みんなの意見」は案外正しい』 角川書店 2009.11.25

第3講

（3-1）Enrico Moretti 著『The New Geography of Jobs』 Mariner Books 2013.3.19
邦訳『年収は「住むところ」で決まる」――雇用とイノベーションの都市経済学――』 プレジデント社

2014.4.23

第4講

（4－1） Victor W. Hwang, Greg Horowitt 著『The Rainforest: The secret to building the next Silicon Valley』Regenwald 2012.2.21（邦訳なし）

第5講

（5－1） Steve Blank, Bob Dorf 著『The Startup Owner's Manual: The Step-by-Step Guide for Building a Great Company』K & S Ranch 2012.3.1（邦訳なし）

（5－2） アレックス・オスターワルダー、イヴ・ピニュール、グレッグ・バーナーダ、アラン・スミス共著『バリュー・プロポジション・デザイン――顧客が欲しがる製品やサービスを創る――』翔泳社　2015.4.17

（5－3） アレックス・オスターワルダー＆イヴ・ピニュール著『ビジネスモデル・ジェネレーション――ビジネスモデル設計書――』翔泳社　2012.2.9

第6講

（6－1） Bruce Katz, Jennifer Bradley 著『The Metropolitan Revolution: How Cities and Metros Are Fixing Our Broken Politics and Fragile Economy』Brookings Institution Press 2013.6.11（邦訳なし）

（6－2） JETRO/IPA「ニューヨークだより」2018.9 『ボストン（世界最大のライフサイエンス・バイオクラスター）』https://www5.jetro.go.jp/newsletter/nya/2018/IT/NYdayori_201809.pdf

【著者紹介】

Robert G. Frank（ロバート G フランク）

ニューメキシコ大学で臨床心理学の学位（Ph.D.）取得。ケント州立大学の学務担当副学長、フロリダ大学の公衆衛生学部学部長兼臨床心理学教授などを歴任。両大学で公衆衛生学部の発展に寄与。二〇一二年から二〇一七年までニューメキシコ大学総長を務め、アルバカーキ市にイノベーション特区を作るべく、UNMレインフォレスト・イノベーションズ社の発展に寄与し、レインフォレストモデルによる起業家育成を生み出し、大学発スタートアップを創出するイノベーションエコシステム形成を進める。現在ニューメキシコ大学で、健康と教育のイノベーション・センター長、地域医療学部と心理学の両学部の教授。全米心理学学会の、リハビリテーション心理学、臨床心理学フェロー。

【訳者紹介】

酒井　俊彦（さかい　としひこ）

一九四七年、大阪府生まれ。東京大学工学部卒業後、住友金属工業㈱にて計測技術などの研究開発に従事。ユニファイ・ジャパン㈱社長、住友金属テクノロジー㈱社長などを歴任。一九八九年、工学博士（東京大学）。二〇一三年より二〇二〇年まで大阪府立大学特認教授（リーディング大学院担当）。著書に『企業研究者が学生に語る――研究アイディアの見つけ方から事業化への道まで――』（大阪公立大学共同出版会）などがある。

【監修者紹介】

星　エリ（ほし　えり）

学習院大学経済学部卒業後、ニューメキシコ大学で行政学修士（ＭＰＡ）取得。二〇〇六年、ニューメキシコ州政府と日本政府・企業とのリエゾン役を担当。その後ＵＮＭレインフォレスト・イノベーションズ社で、技術移転プログラムと地域イノベーション・エコシステム形成プロジェクトを担当。現在、同社の国際事業マネージャー、ニューメキシコ大学イノベーションアカデミーの講師。ＮＥＤＯのスタートアップサポーターズアカデミーのフェローも務める。

松井　利之（まつい　としゆき）

一九六四年、兵庫県生まれ。一九九五年、大阪府立大学より工学博士を取得。米国ネブラスカ大学博士研究員、大阪府立大学工学部准教授、二十一世紀科学研究機構教授を歴任。現在大阪府立大学副学長（人材育成教育担当）を務めるとともに、高等教育推進機構教授、高度人材育成センター長および国際・社会連携推進本部長。

OMUP

OMUPの由来
大阪公立大学共同出版会（略称OMUP）は新たな千年紀のスタートとともに大阪南部に位置する5公立大学、すなわち大阪市立大学、大阪府立大学、大阪女子大学、大阪府立看護大学ならびに大阪府立看護大学医療技術短期大学部を構成する教授を中心に設立された学術出版会である。なお府立関係の大学は2005年4月に統合され、本出版会も大阪市立、大阪府立両大学から構成されることになった。また、2006年からは特定非営利活動法人（NPO）として活動している。

Osaka Municipal Universities Press (OMUP) was catablished in new millennium as an assosiation for academic publications by professors of five municipal universities, namely Osaka City University, Osaka Prefecture University, Osaka Women's University, Osaka Prefectural College of Nursing and Osaka Prefectural College of Health Sciences that all located in southern part of Osaka. Above prefectural Universities united into OPU on April in 2005. Therefore OMUP is consisted of two Universities, OCU and OPU, OMUP was renovated to be a non-profit organization in Japan from 2006.

イノベーションへの道

2021年2月22日　初版第1刷発行

著　者　ロバートGフランク
訳　者　酒井　俊彦
編　集　大阪府立大学高度人材育成センター
発行者　八木　孝司
発行所　大阪公立大学共同出版会（OMUP）
〒599-8531 大阪府堺市中区学園町1-1
大阪府立大学内
TEL　072(251)6533
FAX　072(254)9539
印刷所　株式会社 遊 文 舎

ISBN 978-4-909933-21-8